時代を生き抜く成功作法

蔦屋重三郎と粋な男たち！

櫻庭 由紀子

内外出版社

はじめに

私が江戸時代にハマったのは落語や講談からで、別段丁髷《ちょんまげ》の侍が好きだとかいうわけではない。

戦国武将も好きだがせいぜい大河ドラマの知識程度で、幕末も好きだけど明治初期にも惹かれるオタクで、チャンバラが必須ではないので大河の『どうする家康』は楽しく見たし、『暴れん坊将軍』の成敗シーンはすっ飛ばして構わない派だ。

では、何が好きなのか。

私は町人文化好きだ。江戸時代の大衆のエネルギーに強く惹かれるのだ。

江戸時代は「近世」と呼ばれ、中世でも近代でもない。封建時代の後期にあたる時代なわけなのだが、封建時代だというのに、文化芸能文芸の主役は町人・庶民を含めた「一般大衆」だった。

身分が武士とそれ以外にはっきりと分けられ、生まれたときから自分の身分は決まっている。政治は事あるごとに上級武士の都合の良いように改革される。借金は踏み倒され、メディアは統制され、幕府が貧乏なのは庶民の贅沢のせいだといちゃもんを付けられ、贅沢を禁じられる。

どこかと似た状況だ。

そう。江戸時代は現代と同様、大衆にとって理不尽な社会だった。

ところが江戸の大衆は、そんな社会に打ちひしがれることなく、反撃した。しかし、ただ反撃しただけでは権力でコテンパンにされてしまう。そこは江戸っ子の知恵と機転。理不尽を行使しようとする権力者たちを、笑いと穿《うが》ちで風刺した。

貧乏だって笑い飛ばす。宵越しの金は持たないのではなく、持てない。それでも江戸っ子達は、粋と張りで大衆の美学を貫いた。

下級武士達も同じだ。武士は食わねど高楊枝。金持ちの武士は一部で、多くの下級武士達は内職をしなければ食べていけない。彼らもまた、自らの境遇を穿ち、体制を見立てで揶揄《やゆ》した。

こうした大衆のエネルギーが爆発したのが、蔦屋重三郎が現れた天明・寛政期だ。

吉原《よしわら》という底辺から彗星のごとく登場した蔦重は、メディアの力で権力と体制に真っ向から勝負を挑む。黄表紙、洒落本、浮世絵は、理不尽に虐《しいた》げられまいとする者達の喧嘩だ。

この喧嘩、スカッとしていて小気味が好い。これぞ、粋。「暴れん坊将軍」や「水戸黄門」「遠山の金さん」が人気なのは、権力者側が大衆の味方となり、「粋」を以て悪を成敗するからだ。

生きづらさを抱えながらも、空気を読まねば社会生活もままならない現代社会。今こそ必要なのが、江戸時代に生きた大衆の美学と知恵、エネルギーではないのか。

仕事がつらい、モテない、結婚できない、お金がない、学歴がない。

それがどうした。

粋と張り、穿ちと笑いで、一億総理不尽時代を生き抜こうではないか。

櫻庭由紀子

目次

6章 伊達の作法――175

1章 江戸っ子とは

粋《いき》で鯔背《いなせ》が身上《しんじょう》！江戸っ子が誕生した天明《てんめい》・寛政《かんせい》期

蔦屋重三郎《つたやじゅうざぶろう》が生まれた時代

「江戸っ子は五月の鯉の吹き流し、口先ばかりではらわたはなし」

これは、「江戸っ子」を表した文句だ。江戸っ子と言えば、気風が良くて喧嘩っ早くて見栄っ張り。一方で義理人情に厚く、弱きを助け、悪をくじく。

江戸（現在の東京）に暮らす庶民達は、自らの江戸っ子気質を誇りとした。その身上は、粋《いき》と張り、意気地に鯔背《いなせ》があった。

安永期《あんえいき》（1772〜1781年）に彗星のごとく現れ、天明期《てんめいき》（1781〜1789年）、寛政期《かんせいき》（1789〜1801年）のメディア界を牽引した「蔦重《つたじゅう》」こと蔦屋《つたや》重三郎《じゅうざぶろう》。彼も江戸を代表する版元として、権力による統制をものともせずに問題作を世に打ち出した、「粋」と「張り」の江戸っ子出版プロデューサーだ。出した本や自身が「寛政の改革」により処罰されようとも、これまた江戸っ子を自負するクリエイター達と共に、幕府に（主に松平定信《まつだいらさだのぶ》と取り巻きだろうけど）喧嘩を仕掛けていったのである。

蔦屋重三郎が生まれたのは、寛延《かんえん》3（1750）年1月7日とされている。江戸中期から後期への移行期であり、文化の中心は武士や公家などの権力者や豪商などの富裕層から、一般の町人や庶民に移り始めた時期でもあった。

江戸っ子が登場したのは、重三郎が生まれる約60年前の元禄期《げんろくき》（1688〜1704年）といわれる。元禄期とは、江戸中期の始まりで、将軍は「生類憐《しょうるいあわ》れみの令」で有名な徳川綱吉《とくがわつなよし》。『忠臣蔵《ちゅうしんぐら》』でお馴染みの「赤穂《あこう》事件」があったのも元禄期だ。

徳川家康《いえやす》が江戸幕府を開府して約100年。当初は江戸の開拓のために移住した職人達が築いた町家は、「金の鯱《しゃち》をにらみ、水道水を産湯《うぶゆ》に使う」という、生まれも育ちも江戸という者達で形成され始める。さらに、「明暦《めいれき》の大火《たいか》」後の公共事業で産業革命が起こり、これまで上方《かみがた》（現在の京都や大阪）に依存するしかなかった衣食住が、江戸でも回り始めた。

江戸における経済循環が始まり、まさに元禄バブル。江戸で商売をぶち上げ稼ぎまくった豪商達は、その金をエンタメに注ぎ込んだ。これまでの江戸では、文化においても上方の影響を受けていた。ところが江戸で生まれ育った者達は、自分たちの文化を作り始める。江戸っ子による江戸好みの文化芸能の始まりだ。

「暴れん坊将軍」として名高い（史実は暴れん坊ではない）徳川吉宗《よしむね》が8代将軍になると、庶民の味方として落語や講談に登場する大岡越前《おおおかえちぜん》（大岡越前守忠相《おおおかえちぜんのかみただすけ》）と共に、様々な改革を行った。「享保《きょうほう》の改革」である。主に幕府の財政難をどうにかしようとするものであったが、この中には、江戸っ子の代名詞でもある町火消し「いろは四十七組（のちの四十八組）」の編成がある。

名作時代劇である『暴れん坊将軍』は、貧乏旗本《はたもと》の三男坊「新さん」こと8代将軍吉宗が、町火消し「め組」の辰五郎《たつごろう》宅に居候ということになっているが、この町火消しこそ、吉宗の時代に生まれた「粋で鯔背」な江戸っ子の代表だ。

この他、吉宗と大岡忠相は江戸っ子達のレジャー文化の基盤も築いた。それまで江戸の花見と言えば上野山であり、寛永寺《かんえいじ》があるため「鳴り物は相成らず」。ところが町場の整備として隅田川沿いや飛鳥山に桜の植樹を行い、庶民達の憩いの場とした。隅田川は「墨堤《ぼくてい》」と呼ばれ三囲《みめぐり》神社や長命寺《ちょうめいじ》の桜餅が名物となり、桜の季節だけではなく多くの観光客が訪れた。

さらに、大川（隅田川）の川開きによる花火が始まったのもこの時代だ。現在の「隅田川花火大会」の前身とも言われる（諸説あり）。「たーまやー」のかけ声は、この川開きで鍵屋と競演した玉屋のこと。武士達は鍵屋、庶民である江戸っ子たちの贔屓は玉屋だった。橋の上から威勢良くかける声が「たーまやー！」だったわけだ。

田沼《たぬま》政治で江戸っ子カルチャーそろい踏み

田沼意次《たぬまおきつぐ》による「重商主義」の政治である田沼時代は、「享保の改革」から「寛政の改革」までの約50年間をいう。この期間に、大衆による町人文化が出揃い、最盛期を迎える。重商主義とは商業活動を活発化して経済再生を目指す政策である。この政策で、町人達の経済力は高まり、生活にも余裕が出始める。食うためだけの生活から、余暇を楽しむ者が増えた。茶道や華道などの家元《いえもと》制度がある習い事が発展し、庶民も「家元」を目指し師匠と呼ばれる者になりたいと、誰もが「指南所《しなんじょ》」に通った。

札差《ふださし》（武士の家禄《かろく》である米を金に両替する商人。米を担保にして金を貸し、利息で大いに儲けた）や豪商が「通人《つうじん》」として新吉原《よしわら》（現在の東京都台東区千束3、4丁目に作られた公許の遊女《ゆうじょ》が集まる遊郭《ゆうかく》）で豪遊し始めたのも、田沼時代だ。

さらに、裕福な旗本や地方の留守居役《るすいやく》などが吉原に集い、庶民達の遊びを楽しみ始めた。武士の町人化だ。俳諧や狂歌を楽しみ、絵師のパトロンとなる。「錦絵《にしきえ》」という、浮世絵師の鈴木春信《すずきはるのぶ》によるカラーの浮世絵が生まれたのも、こうした遊びのひとつである、贔屓の絵師による絵暦《えごよみ》（絵だけで作られた暦）の交換会からだ。

元禄期に一度廃れた落語を烏亭焉馬《うていえんば》が復活させ、歌舞伎はますます江戸好みとなり「通《つう》」「洒落《しゃれ》」に富んだ趣向が喜ばれた。平賀源内《ひらがげんない》が歯磨き粉のキャッチコピーを作るなど、商業や興行《こうぎょう》の発展に比例して広告も増えた。この一端を担うのが、メディアとなる「本」だった。

宝暦期《ほうれきき》～安永期（１７５１～１７８１年）になると、武士達が「穿《うが》ち」「見立て」で戯作《げさく》活動を始める。自分たちの境遇や社会への不満、疑問などを、洒落で揶揄してみせたのだ。後で詳細を述べるが、留守居役の朋誠堂喜三二《ほうせいどうきさんじ》や幕臣の大田南畝《おおたなんぼ》は、この頃の人気作家であった。

そしてついに、江戸時代を代表する大衆小説（漫画に近い）「黄表紙《きびょうし》」が登場する。鱗形屋《うろこがたや》を版元とした恋川春町《こいかわはるまち》の『金々先生栄花夢《きんきんせんせいえいがのゆめ》』は、これまで子供が読むものだった草双紙《くさぞうし》を大人の娯楽絵本に昇格させると共に、上方からの輸入に頼っていた「本」を、江戸による出版社が江戸趣向の本や浮世絵を出版するようになった。

この江戸メディアの変革期に、流行を動かしてヒット作を飛ばし、時代の風雲児となったのが、蔦屋重三郎である。

重三郎が世に出したのは、黄表紙に洒落本《しゃれぼん》、滑稽噺本《こっけいばなしぼん》、正本《しょうほん》（歌舞伎や浄瑠璃《じょうるり》の詞《し》章《しょう》の本）、美人画、役者絵、相撲絵……いずれも「粋」「通」「洒落」「笑い」「張り」といった江戸の大衆文化、サブカルだ。

江戸っ子カルチャーの最盛期に最先端を走った男。それが蔦屋重三郎であった。

成り上がり上等！
べらぼう蔦屋重三郎が吉原で成し遂げた下剋上

吉原の本屋・蔦屋重三郎

江戸のメディアを席巻した蔦屋重三郎は、生まれだけではなく生き方も「江戸っ子」であり、その生涯はアクロバティックだった。

9代将軍徳川家重《いえしげ》の治世、寛延3（1750）年1月7日。重三郎が産声を上げたその場所は、新吉原。幕府公認の遊郭だ。

江戸時代を通じて、「日に千両、鼻の上下にヘソの下」と言われるとおり、吉原は1日に千両が動くという、江戸経済の要のひとつであった。鼻の上下は目と口で、それぞれ歌舞伎と日本橋の魚河岸《うおがし》（魚市場）、へその下は吉原である。「遊女三千人、御免の場所」と言われ、享保の時代で遊女は約2000人であったというから、最盛期には3000人を超していたと思われる。

吉原は遊郭といっても遊女がいる妓楼《ぎろう》ばかりが並んでいたわけではなく、遊女を案内する引手茶屋《ひきてぢゃや》の他、飲食店や小間物屋《こまものや》なども並んでいた。重三郎の生家《せいか》が何の商売をしていたかは定かではないが、重三郎は7歳の時に喜多川氏が経営する茶屋「蔦屋」の養子となる。吉原の蔦屋重三郎の誕生だ。

吉原の悲喜交々《こもごも》を見ながら育った重三郎は、安永元（1772）年、吉原大門口《おおもんぐち》の五十間道《ごじっけんみち》に、書店「耕書堂《こうしょどう》」をオープン。といっても、店とは名ばかりの、蔦屋次郎《じろ》兵衛《べえ》が営む茶屋の軒下を借りた小さなものだ。それでも本屋は本屋。翌年からは出版業もスタートさせる。江戸期を通じて、現在でいう書店は「書肆《しょし》」であり、本屋は出版業も兼ねた。版元として出版した本や浮世絵を、自分の店で販売したのだ。

当時、本は上方からの「下りもの」。エンタメが徐々に江戸好みになっていったとはいえ、本などのメディアについては京都大阪が発信地となっていた。日本橋界隈はメディアを牛耳る出版社が並んでいたが、その多くは上方に本社を持つ江戸支店だ。

当時、本は2種類あり、学術書や漢籍など固い本である「書物」と、草双紙と呼ばれる大衆向けのエンタメ本があった。この草双紙の多くは江戸で出版される「地本《じほん》」といい、地本の版元を「地本問屋《じほんどんや》」といった。重三郎が吉原で本屋を開業した当時、まだ地本問屋は少なく、出版する本と言えば吉原パンフレットの「吉原細見《よしわらさいけん》」や風俗レポといった「洒落本」、子供向けの「絵本」が中心であり、まだまだ新しい分野だ。

将来性がまだわからない、いわば地本問屋はベンチャー業界。吉原出自の重三郎は、ここに切り込んだのである。

吉原細見と古本屋

重三郎が最初に手がけた本は、安永4(1775)年正月の吉原案内「吉原細見」だ。といっても、当時吉原細見を独占していた地本問屋・鱗形屋孫兵衛《まごべえ》の下請け、卸販売である。しかし、どういうわけか重三郎は「改」の権利も得ていた。「改」とは編集プロダクションのようなもので、吉原細見に掲載する店と遊女の選定や、序文を書く作家を選び執筆依頼も行う。企画構成を任されたのだ。

吉原大門の軒下で開店したばかりの小さな本屋が、なぜ「改」ができたのか。その秘密に、出店当初からの「貸本屋」の兼業があった。

当時の本は高価なため、庶民達の読書活動はもっぱら本のレンタルだ。本は売るよりも貸した方が銭になる。重三郎は吉原を回り、得意先を作った。当然、版元への野心がある重三郎は、得意先へ足繁く通い、彼らのニーズを引き出し、これに応えて関係を構築した。

この頃の吉原は、前述したように高級遊女の「太夫《たゆう》（美貌と教養を兼ね備えた最高位の遊女に与えられた称号）」がなくなるなど、庶民化していた。加えて、深川（現在の江東区）や新宿、品川など表向きは非認可だがほぼ公認の岡場所（私娼地《ししょうち》）が出来、手軽に遊べることで客が流れていた。なんとか売り上げを回復させたい吉原の期待は、新鋭若手の重三郎に集まった。生まれも育ちも吉原の重三郎なら、吉原の実情も内情も把握している。重三郎も、吉原が繁盛すれば自分にも利がある。

貸本で培った主要な妓楼や茶屋の主人たちと、発言力のある売れっ子の遊女達との人脈は、日本橋の大手版元にだってありゃしない。

「俺に任せておくんなさい」

と重三郎が言ったかどうか、吉原は重三郎の耕書堂を推したのだ。

また、貸本稼業は顧客の要求に何でも応えなければならない。「こんな本ある？」と聞かれれば、自分で書いてでも「あります」と持っていく。禁書も写本（手書きで複製した本）で持っておく。R18の洒落本や春画《しゅんが》もそっと出せるように忍ばせていく。特に吉原では、遊女達にとって教養は必須だ。エンタメ本だけではなく、和歌や漢語、上方の読本《よみほん》（文章主体の小説本）など、遊女達が求める本は多岐にわたった。これらを重三郎は取りそろえ、勧めるなどして届けた。そこには、町人身分を与えられない遊女達と、そこで暮らす者達との一蓮托生があった。

重三郎は吉原細見改を始めた同年、耕書堂オリジナルの遊女評判記『一目千本《ひとめせんぼん》』を出版。詳しくは後述するが、江戸の遊女の「粋」と「張り」を、一輪の花に見立てた高級で粋な趣向の評判記は、あっという間に世間の評判となる。吉原のシステムと見識を知り尽くした耕書堂にしかできない趣向だ。

年2回の吉原細見の発行と貸本回りで着々と、あるいは虎視眈々と版元への実績を積み重ねていった重三郎に、一世一代のチャンスがやってくる。

吉原細見版元の、鱗形屋がしくじったのである。

忠義《ちゅうぎ》よりも義理を通した成り上がり

鱗形屋孫兵衛は、万治期《まんじき》（1658〜1661年）に大伝馬町《おおでんまちょう》に開業した、100年を超える老舗の地本問屋だ。『見返り美人図』の菱川師宣《ひしかわもろのぶ》の挿絵が入った浄瑠璃本や浮世草子《うきよぞうし》を扱い、寛延期には『八文字屋本《はちもんじやぼん》（京都の版元・八文字屋から出版された浮世草子や役者評判記。広義の意味で上方から輸入する娯楽的な読み物）』を江戸で独占販売し、吉原細見の独占出版に至る。

安永4（1775）年には恋川春町の『金々先生栄花夢』を出版し、これが黄表紙という大人向け娯楽的読み物として大ヒットとなった。江戸生まれ・最大手・老舗というトリプルスーパー出版社だ。

この鱗形屋が転《こ》けた。安永4（1775）年5月、鱗形屋の手代《てだい》（使用人）が重版事件で処罰され、これを受け主人の孫兵衛も罰金刑となった。このことで、秋の吉原細見の出版の見通しが立たなくなったのだ。

重三郎の動きは速かった。鱗形屋の隙を突き、蔦屋版吉原細見を編集、出版した。この蔦屋版吉原細見。これまでの鱗形屋と判型とレイアウトを変え、見やすく、しかもコスト削減した新バージョン。まるで狙い澄ましたような選手交代劇だ。安永5（1776）年から再開した鱗形屋版の吉原細見をものともせずにシェアを広げ、天明3（1783）年には蔦屋版の独占状態となった。

さらに重三郎は、鱗形屋の低迷に乗じてベストセラー作家と人気絵師をことごとく囲い込む。朋誠堂喜三二と恋川春町、山東京伝《さんとうきょうでん》。絵師では北尾重政《きたおしげまさ》、勝川春章《かつかわしゅんしょう》。彼ら豪華執筆陣を従え、安永9（1780）年に、ついに黄表紙デビューを果たした。

人気作家たちが鱗形屋以外の大手地本問屋を差し置いて重三郎を版元としたのは、重三郎が持つ気質であっただろう。後に交流を持つ国学者で狂歌師の宿屋飯盛《やどやめしもり》（石川《いしかわ》雅望《まさもち》）は、重三郎を「志気英邁《しきえいまい》」と評す。

才知に優れ、度量は大きく信義に厚い。これぞ江戸っ子だ。

天明3（1783）年9月、重三郎の耕書堂は日本橋の通油町《とおりあぶらちょう》に進出する。老舗大出版社が軒を連ねる一等地。ここでの出店は、江戸でトップクラスの版元である証となる。

江戸っ子重三郎33歳、吉原極小版元から頂点へ。「粋」と「意気地」で成し遂げた、下剋上であった。

「てやんでィ、べらぼうめ」で世の中を渡り切ってしまう庶民たち

武士に憧れた有力町人の大通な遊び

時は田沼意次の絶頂期、町人文化が花開き成熟する過渡期であった宝暦・天明期（1751〜1789年）。力を付けた豪商は「通人《つうじん》」を自負し、吉原でド派手に金を使い遊んだ。中でも「十八大通《じゅうはちだいつう》」と呼ばれた人々は通人の代表で、多くは札差や吉原の妓楼の主。彼らは、義侠心《ぎきょうしん》と洒落に富み、「男伊達《おとこだて》」という江戸っ子気質の大金持ちで、歌舞伎の助六《すけろく》のモデルにもなった。

彼らの目的は吉原で遊女達を侍《はべ》らすことではなく、芸事の発表会であった。能狂言、琴三味線、舞踊、浄瑠璃、河内節《かわちぶし》に富本節《とみもとぶし》、お茶に生花、俳諧、狂歌も嗜《たしな》んだ。吉原でこれらがまともに出来ないなんて「野暮《やぼ》」の極み。「粋」が好まれ「野暮」が嫌わ

れる吉原において、「粋」であらねばならぬ。大通達はこれらを習得し、知識を付けるべく、文人や芸人、歌舞伎役者のパトロンとなり、彼らを囲んで「会」というコミュニティを作った。

田沼政治は賄賂政治とも言われる。こうした理由もあったのだろう、彼らは旗本や地方の留守居役などを吉原で接待した。彼らを通人として接待することで、いろいろと便宜を図ってもらうのだ。そして接待された旗本が、さらに文人のパトロンとなる。田沼意次の腹心だった旗本の土山宗次郎《つちやまそうじろう》は大田南畝のパトロンであり、寛政の改革で土山が処罰で斬首された際、大田南畝は狂歌の筆を折っている。

町人による大通達が芸事や教養を付けようとしたのは、武士への憧れもあっただろう。江戸は武士の町なので、「花は桜木、人は武士」といった具合に、武士道が人の道という考え方があった。このため、命を顧みない義侠と男伊達だけではなく、やはりそこには人の上に立つ者として、素養が必要だと考えたのだ。

農民出身で天下を取った下剋上の代表である豊臣秀吉《とよとみひでよし》は、側室には身分の高い女性を置き、信長から譲り受けた（なし崩しに入手した）茶道具をひけらかし、何を思ったか千利休《せんのりきゅう》に切腹を命じて亡き者にしてからは、武士の必修科目である能楽に熱中して、天皇の御前で演じて見せることまでしたという。

札差も吉原の妓楼の主も、大名に金を貸すほどの経済力を持っていた。しかし、封建制度における身分の違いはどうしようもない。そこで、武士の必修科目である能や茶道、茶道、歌道を嗜もうとしたのかもしれない。

ともあれ、彼ら大通人の豪快な金の使いっぷりは、江戸の文化芸能、文芸を大いに発展させた。重三郎も、彼らの遊びに乗じて狂歌連に入り、「吉原連」として彼らの遊びのプロデュースまで引き受けた。ここで生まれた文芸や浮世絵は、江戸の粋と洒落、通、笑いを発信するメディアとなって江戸に広まる。

「蔦重プロデュースの吉原連で、狂歌でちょっと洒落てきたｗ」
「この前の狂歌の会の本出したらバズっちゃって」
という感じで、吉原で行われる会は赤坂六本木辺りのイケてる業界人のパーティーか何かで、蔦重発信のメディアはＹｏｕＴｕｂｅやインスタであり、ここでバズると通人、つまりインフルエンサーの仲間入りだったのである。

江戸っ子の勝負は金じゃなくて心意気

さて、江戸っ子の代表と言えばこうした大通人ではなく、「てやんでィ、べらぼうめ」の火消しや職人たちだ。彼らはどこに住んでいたかと言えば、暴れん坊将軍の新さんが居候する「め組」の辰五郎がいる神田だ。

この辺り一帯は、江戸開府の際に江戸城建築のために同業が神田に集められて形成された町家で、現在でも鍛冶町《かじちょう》や紺屋町《こんやちょう》などその名前が残る。

彼らは「宵越《よいご》しの金は持たねェ」「江戸っ子の生まれ損ない金を貯め」というとおり、金に頓着がない。というか、頓着するほど金がない。そのため、「通だ」「伊達だ」と助六の真似をしたくてもできない。しかし、粋で鯔背ならできる。なぜなら粋も鯔背も「美学」だからだ。

流行の指南所に行って、三味線や浄瑠璃を嗜みながら会に参加する。「ちょっと今日は富本節の会があって」というのがステイタスだ。こうして身につけた芸を、今度は「粋な深川」に行って披露する。深川には遊里があり、ここで活動する芸者達は男物の羽織を身につけ、「辰巳芸者《たつみげいしゃ》」や「羽織芸者《はおりげいしゃ》」と呼ばれた。彼女たちが売るのは色ではなくて芸。源氏名《げんじな》（遊女が用いる芸名）には男の名前を名乗り、気風の良い口調で客に媚びず、芸の腕一本で張りを通す。職人達が吉原よりも深川を好んだのは、吉原で遊ぶ金がないというのもあっただろうが、腕一本で食べていくという気概に共感したのだろう。

鯔背の神田の方はと言うと、火消しに大工、左官（壁塗り職人）。火消しは、与力《よりき》（旗本の補佐にあたる役職）と力士に並ぶ江戸の三男であり、命を顧みずに火元で纏《まとい》を振る姿は、鯔背な男伊達だ。また、火事早い江戸において、大工と左官は花形職業だった。職人は、腕さえあれば食いっぱぐれることはない。

生まれたときから決められた自分の身分。権力を持つ者達のさじ加減で決められてしまう下町に住まう庶民にとって、唯一のプライドが「粋で鯔背な江戸っ子」だった。たとえ封建制度の理不尽に打ちひしがれても、貧乏で宵越しの金が持てなくても、寝て起きりゃ別の日だ。

どんなに嘆き悲しんだところで現実は変わらない。だったら、理不尽を笑い飛ばしてしまえ。権力者たちの横暴にだって、尻をまくって「てやんでィ、べらぼうめ」と啖呵《たんか》を切るのだ。

重三郎が出す本は大衆にことごとく売れた。なぜなら、江戸っ子の本領とする「粋」と「張り」と「笑い」があり、その笑いとなる「穿ち」や「滑稽」は、大衆の代弁でもあったからだ。

江戸っ子達が待ち望んだ、江戸発信のメディアだった。

町人がカッコいい!?武士も真似した江戸の粋

武家の戯作者達

力を付けた町人たちは、身分の高い層の文化を吸収したことで、武士化したとも言える。反対に、下級武士達は大衆との交流により町人化した。町人の美意識が武士に大きく影響を与えたのである。

旗本や留守居役など、札差や豪商に接待され吉原で遊び、そこで三味線や浄瑠璃、俳諧や狂歌などのコミュニティで富裕層の町人と交流した。朋誠堂喜三二や大田南畝がそうした町人化した武士に当たる。

朋誠堂喜三二は本名を平沢常富《ひらさわつねとみ》といい、出羽国《でわのくに》（現在の山形県と秋田県）久保田藩の留守居役である。朋誠堂喜三二は戯作者名で、狂歌名は手柄岡持《てがらのおかもち》、滑稽本では道陀楼麻阿《どうだろうまあ》という、なかなかいい加減な武士である。留守居役とは諸藩の御城使《ごじょうし》とも言われ、現在で言うところの諸藩の外交官だ。情報交換が主な仕事で、当然情報を聞き出そうとする者達による接待や付け届け、賄賂があった。裕福である。喜三二は「宝暦の色男」と自称して大いに遊びまくった。この経験や役人仕事の愚痴を、風刺したり穿ってみたりしたのが、喜三二の戯作であり狂歌だった。

大田南畝は幕臣《ばくしん》（旗本・御家人など、将軍直属の家臣）だ。下級武士の貧しい家だったが、学問や文芸に才があり、国学や漢詩を幼少期から学んだという。こうした中で書きためた狂歌が戯作者の平秩東作《へづつとうさく》に見いだされ、明和4年（1767年）に出した狂詩集『寝惚先生文集《ねぼけせんせいぶんしゅう》』が出世作となった。

以降、狂歌で優れた文才を発揮し、田沼意次の腹心である土山宗次郎をパトロンとし、江戸文壇のトップに躍り出る。蔦屋重三郎が狂歌会に入る際のキーマンとなり、その発言力は大きく、重三郎版元の黄表紙を高評価したことで、重三郎は江戸出版界のスターになれたとも言える。

狂歌だけではなく、遊里レポの洒落本や社会を穿つ黄表紙も書いた。昼は幕臣、夜は町人達と世を穿つ。耕書堂を版元として狂歌本を書くようになってからは、重三郎のところに酔ったまま押しかけるなど、積極的に町人に接待されに行った。

一方、朋誠堂喜三二の親友である恋川春町は、喜三二と同様に駿河《するが》（現在の静岡県）小島藩《おじまはん》の留守居役だが、喜三二や南畝のように積極的に吉原に出向くことなく、生活の足しになればと、絵を学んだ。師は浮世絵師の鳥山石燕《とりやませきえん》で、後に重三郎がプロデュースする喜多川歌麿《きたがわうたまろ》と同門だ。庶民に交じって、浮世絵を学んだのである。

鱗形屋で出した『金々先生栄花夢』のヒットに伴い、戯作界デビューとなり、狂歌の他多数の黄表紙を出した。喜三二や南畝と共に、カリスマインスタグラマーとして活動するようになる。

町人化した武士戯作者たちは、江戸っ子らしく粋で洒落があり、理不尽を容赦なく風刺して揶揄し、笑った。それがカッコ良いともてはやされたのもあるだろうが、恐らく何のしがらみもない町人の生活が、楽しかったのだろう。

こうした町人化した武士達は、通・粋・洒落をＳＮＳ化した黄表紙や洒落本で発信し、町人文化のカリスマとなった。彼らの動向を本にして出版する重三郎の耕書堂は、芸能雑誌や週刊誌的な位置づけとなっていく。

ところが、終焉は突然訪れた。天明６（１７８６）年、田沼意次が失脚する。相次ぐ災害や飢饉による財政悪化と増税が主な原因と言われているが、家禄が米である武士にとって、重商主義は都合の良い政策ではなかったかもしれない。

貧乏だから内職も　下級武士もつらいよ

町人文化を生んだ田沼政治に変わり登場したのが松平定信の「寛政の改革」だ。倹約で幕府の財政を再建すべしと、武士はもちろん庶民達の娯楽を徹底的に取り締まった。また、「文武奨励（武士に学問と武芸に励むよう促す政策）」を掲げ、これまで文芸で町人達と交流を続けた武士達は、目を付けられ始める。

重三郎がこの社会情勢を揶揄した黄表紙を喜三二と春町に依頼し、それぞれ大きな評判を取ったが、彼らはあまりに目立ちすぎた。朋誠堂喜三二は上司に呼ばれ、以降筆を断つ。春町は幕府から呼び出され、出頭せずにそのまま死去した。自害とも言われている。大田南畝はパトロンの土山宗次郎が斬首され、やはり筆を折った。

重三郎と交流し、稼ぎ頭の狂歌本や黄表紙、洒落本の執筆者達は、ほぼ武士身分だった。重三郎の強みは吉原接待とヒット版元としてのブランド。町人化した武士達にとって、重三郎との付き合いは「美味しかった」わけで、重三郎にとっても彼らの神輿《みこし》を担ぐことでヒット作に恵まれる。田沼政治におけるＷｉｎ－Ｗｉｎだった。


しかし、彼らはやはり武士。後に山東京伝のところに弟子入りに押しかけた曲亭馬琴のように、戯作者になるために血の涙をのんで武士の身分を捨てるという者はいなかった。結局、重三郎の元に残ったのは、町人身分の山東京伝と喜多川歌麿、後でやって来る曲亭馬琴《きょくていばきん》と十返舎一九《じっぺんしゃいっく》だけだった。改革の統制により、町人文化は再び町人へと戻ったのだ。そして、統制の締め付けによる鬱屈したエネルギーは、次の文化・文政期《ぶんせいき》（１８０４〜１８３０年）の頽廃《たいはい》した化政文化《かせいぶんか》へと受け継がれるのである。

かといって、武士による町人化がここで止まったわけではなかった。「粋で鯔背が格好いい」という美意識は残る。

下級武士の与力は、その粋な風貌で江戸の三男としてもてはやされた。与力や同心（下級役人）は八丁堀の拝領屋敷《はいりょうやしき》に住み、同心《どうしん》たちは町をパトロールする。

朝は髪結いにキリッと頭を結い上げられ、月代《さかやき》（髪を額から頭の中央にかけて刈り上げた男性の髪型）は青々。十手《じって》（犯人逮捕のための鉄製の棒）を手挟み、雪駄《せった》（底に皮を貼った草履）をチャラチャラ言わせて町を歩く。現在でも与力や同心が登場する捕物は人気だが、時代小説の通り、彼らは「てやんでィべらぼうめ」の町人言葉を話した。

与力・同心だけではなく、他の下級武士達も町人と交流した。江戸の人口が増えるにつれ、山の手以外にも屋敷を持つ藩が増え、隅田川の向こうである本所（現在の墨田区付近）や四谷、浅草にも武士が住む。当然近隣の町人達の暮らしに影響を受け、三味線を習いに行ったり、寄席《よせ》を覗いてみたり、貸本屋から娯楽小説を借りて読んだりもする。

さらに、『東海道四谷怪談』でお馴染みの伊右衛門のように、下級武士の内職は当たり前だった。商売をしたくても武士はＮＧ。公務員は複業ができないのである。しかし、家禄が少なく暮らしが立たない。そこで内職だ。

傘張り、朝顔作り、コオロギの飼育、絵付け……。町人から仕事をもらい、納品して小銭を稼ぐ。屋敷の土地に長屋を作り、家賃収入を得る大家さん旗本もいた。ついには武士の身分を売る者まで現れた。ちなみに、曲亭馬琴は息子のために武士身分を買い戻そうと、サイン会を開いている。

今日を生きることが精一杯なのは、庶民達だけではなかった。下級武士達も、大衆と同じく貧乏と理不尽を笑い飛ばし、粋と張りで生きていかねばならなかったのだ。

2章　粋の作法

江戸の粋《いき》に大坂の粋《すい》
江戸前は「下らない」？

英語にもフランス語にも訳せない、日本の「粋」

粋とはなんぞや。この美意識について、正確に答えられる日本人はいるだろうか。「粋だねェ」というセリフは出る。じゃあ、何をすれば「粋」となるのか、はっきりとはわからないのが、「粋」の難解なところだ。

ちょっと（でもないか）前であれば、映画『男はつらいよ』の寅《とら》さんが「粋」の例に挙げられた。渥美清《あつみきよし》氏が演じる「フー天の寅」こと車寅次郎《くるまとらじろう》は、葛飾柴又《かつしかしばまた》生まれのテキヤ稼業。全国を旅する寅さんは、その旅先で様々な「マドンナ」と出会い、淡い恋が始まる……はずなのだが上手くいかない。

寅さんの女性に対する行動や、出会った人々へのおせっかいや余計なお世話は、一貫して「野暮」だ。しかし、不意に見せる寅さんの人情や義侠心にマドンナは心を動かされる。ここに寅さんが持つ、無意識の「粋」が見える。

そして最後は、マドンナは他の男性を選んだり、または寅さんの一方的な勘違いの恋だったりなどして別れることとなる。その時、寅さんはマドンナの幸せな笑顔を見届けて、そっと去る。

これが「粋」だ。これが日本人の、江戸っ子達の「粋」だ。この寅さんの「粋」は、ストーリーを通じて繰り広げられる野暮なドタバタや笑いを、一転して「ホロリ」とさせる。ただ、「男はつらいよ」のような主人公は、令和の時代にはもういない。コンプラ的に無理なのと、やはりどこか現実離れしてしまう。「粋」は昭和までの遺産となってしまったのだろうか。

もうひとつ、江戸期の「粋」な例を挙げよう。「粋の深川、鯔背な神田」といい、粋な遊里《ゆうり》（公認の遊女屋を多く集めている地域）といえば深川であった。現在は東京メトロの門前仲町《もんぜんなかちょう》駅と深川八幡宮がある江東区の町だが、あの辺りは埋め立てで出来た「深川新地」と呼ばれ、日本橋近辺の下町とは違う風情があった。

深川は辰巳《たつみ》（南東）の方角にあるため、深川芸者は「辰巳芸者」と呼ばれた。男物の羽織をぞろりと引っかけ、男言葉で気風がよい。色ではなく芸で売る。吉原が「張りと意気地」なら、深川は「粋」だった。では、「どういうところが粋なんだ」と言われると、ひとつの話が残っている。宝暦2（1752）年、馬場文耕《ばばぶんこう》が『当世武野俗談《とうせいぶやぞくだん》』に記したものだ。

「米蝶《よねちょう》」という深川の芸者がいる。母親が托鉢《たくはつ》（鉄鉢を持って食物を乞うこと）で米を集めて育ったため、この名が付いたという。あるとき米蝶が歩いていると、小鳥屋の主が、南蛮渡来の一羽30両の雄雌のヒヨドリを得意げに見せてきた。純銀の鳥籠に入っている二羽の小鳥を見た米蝶は、

「実に美しき鳥。こんなに美しくなければ、籠に囲われずとも済んだものを。空が恋しかろう」

こういうと、籠を開けて鳥を逃がしてしまった。

「1羽30両、2羽で60両、後ほど届けさせます」

颯爽と去る米蝶に、小鳥屋も周りの衆も肝を潰し、辰巳芸者の粋と張りが世に広まったという。

馬場文耕は「講釈師《こうしゃくし》見てきたような嘘を言い（講談師がまるで自分で見てきたかのような口ぶりで語るさま）」を地で行く講釈師で、鳥を逃がした話は米蝶に限らず、吉原の遊女にも話があるらしい。また、山東京伝は寛政2（1790）年の洒落本『文選臥坐《もんぜんござ》』で、「深川での高尾《たかお》（吉原で最も有名な遊女で、吉原太夫の筆頭）といふは米蝶といふのじゃ」と登場人物に言わせている。40年ほど経っていても、吉原太夫の高尾と同じくらいに有名だったことがわかる。「辰巳芸者＝粋」の定義が、生きていたのだ。

寅さんにしても米蝶の逸話にしても、この「粋」を表現する他国の言語に、先人達は大いに苦労していたらしい。粋を分析した哲学者の九鬼周造《くきしゅうぞう》は『「いき」の構造』の中で、フランス語の「coquetterie」「esprit」を挙げているが、恐らくフランス人は「日本人にエスプリの何がわかる」と言うだろう。

他、英語では「クールではないか」、ドイツ語では「シャン（顔立ちの美しいこと）」ではないか、と言われるが、寅さんはクールではないし、米蝶はシャンなだけではない。これといった明確な定義がないため、日本語でしか言い表せない。これが「粋」なのである。

「粋」の美学は全国共通

本書は蔦屋重三郎が出版した本と、その時代の美意識を中心にした内容なので、主に「江戸」つまり東京近郊が舞台だ。

しかし、重三郎が世の中に出る前、江戸時代前期の文化の中心は、大阪と京都だった。「いやいや、今でも日本文化といえば京都だろ」なのだが、ここでいう江戸時代の文化は、「江戸発信の文化」が誕生したという意味であり、上方も江戸の文化に染まったというわけではない。

京・大坂には上方の文化があり、江戸にも江戸独自の文化が生まれた。現在においても、東京・大阪は東と西として文化の違いがあり、それぞれの特徴を持つ（京都は別格）。江戸時代に江戸独自の町人文化が生まれたことで東西の文化の違いが生まれ、現在にも繋がっているのだ。

明暦の大火の後に江戸は産業革命となり、農業や産業の発展が推進されたが、それでも衣食住の多くは上方に頼らざるを得なかった。大阪からの物資は菱垣廻船《ひがきかいせん》によって輸送され、酒は早く運ぶため樽廻船《たるかいせん》によって運ばれた。良い酒の代名詞として落語には「灘《なだ》の酒」が登場するが、これは現在の神戸で作られた酒のこと。大変に美味しい高級品だ。この灘の酒が樽廻船によって江戸に運ばれる。

こうした上方からの商品達は「下りもの」と呼ばれた。下りものは上方で作られ質が良い。転じて下りものではない江戸の地物は質が悪い。「くだらない」が価値がない、取るに足らないという意味となった理由だ。

同様に、大衆娯楽についても同様だった。歌舞伎と浄瑠璃なら『曽根崎心中《そねざきしんじゅう》』の近《ちか》松門左衛門《まつもんざえもん》、浮世草子なら『好色一代男《こうしょくいちだいおとこ》』の井原西鶴《いはらさいかく》といった大阪を活動拠点とする作家が売れっ子であった。

しかし、元禄期（1688~1704年）になると江戸好みの『暫《しばらく》』といった悪党退治の物語が作られ、「江戸の荒事、上方の和事」と区別されるようになってきた。江戸発の歌舞伎はファッションの流行にも影響を与え、江戸鹿子《かのこ》、江戸紫、江戸小紋《こもん》を庶民達が身につけた。こうした歌舞伎やファッションに、江戸の粋好みが見える。

では上方はどうだったのかというと、当然、京・大坂にも「粋」はあった。ただ読み方が違う。上方では「粋《すい》」と読んだ。

上方の「粋」は、江戸でいうところの「通《つう》」に近いらしい。物事に通じていて博識で、花柳界《かりゅうかい》（芸者や遊女の社会）にも明るい。ひいては、洗練され垢抜けていて「シュッと」している。

江戸の「粋」は、「意気」とも書かれることから、張りや意気地の要素が強い。見た目も大切なのだが、それ以上に「心意気」が重要だ。

さらに、いくら「シュッとして」いても、気障《きざ》に見えてはならない。それが見えたら「野暮」だ。恐らくこの感覚は、東西共通なのではないだろうか。上方の「粋」には「純粋」の意味がある。飾らぬ、内面から溢れる洗練された雰囲気。一朝一夕で身につくものではないのだ。

となると、江戸の粋《いき》も京の粋《すい》も、ファッションだの決め台詞だの、ハウツーの頭でっかちではただの気障野郎になってしまう。やはり、美意識と心意気を学ばねば、「粋」にはなれない。

スマートな一発逆転
蔦重の劇的下剋上の舞台裏

遊女が出てこない遊女評判記

大衆文化が花開いた安永・天明期（1772〜1789年）、余裕ができた江戸の庶民達は通を求めて多くのエンタメやモノを消費した。庶民や町人が裕福になる一方、武士達は扶持《ふち》（米で与えられた給与）が上がらず困窮する者が現れる。時は田沼時代。賄賂や太いコネがある武士や商家は甘い水を飲み、そうじゃない者達は苦渋をなめる。地方では飢饉が起きるなど、表面上は明るく好景気に沸く江戸に見えるが、その裏ではバランスが崩れ始めていた。

吉原でも同じことで、十八大通が大判小判を毎日のようにばら撒いていたのも今は昔。新宿や深川など江戸各地に色里ができたことで客が分散し、庶民達も気軽に吉原に通うようになったことで客足も客単価も減ってしまった。宝暦期（1751〜1764年）の初期までいた最高位の太夫職はなくなり、遊女達も庶民化してきた。

このままでは、吉原が他の色町と同レベルとなってしまう。危機感を覚えた妓楼主たちの声を聞き立ち上がったのが、吉原の本屋・蔦屋重三郎であった。

この時重三郎は吉原細見の改をしており、いわゆる吉原の広報誌の編集担当だった。おそらく、吉原の本屋ということで重三郎を鱗形屋に推したのだろう。吉原をよく知った重三郎なら、吉原広報の代表として動いてくれるはずだ。

もちろん、期待されていることは重三郎も重々承知。重三郎のことなので、妓楼や茶屋の主人達に「俺が吉原細見の改になったら、この吉原を復活させます」と推薦を頼んだであろうことは充分に考えられる。どちらにしろ、改になったからには、吉原を再興させねばならない。それが、義を尽くすというものだ。

元より、重三郎は細見売りで終わるつもりなどなかっただろう。その証拠に、すぐに重三郎の本屋である耕書堂を版元にして、本を出している。それが、安永3（1774）年の『一目千本』だ。重三郎、初めての出版業である。

　この本は絵本仕立ての遊女評判記なのだが、その内容がこれまでの評判記とは全く違うものだった。


　まず、遊女の姿がない。普通、遊女評判記といえば、遊女の顔を見るために買うものではないのか。新橋の無料案内所にだって写真があるだろう（入ったことないから知らんけど）。あるのは、生花の絵だけ。木蓮《もくれん》、山葵《わさび》、葛《くず》……花に添えて、妓楼と遊女の名がある。以上。推しポイントも案内文もない。

　重三郎は、一輪の花に遊女を見立てた。高級な花器の中に凛と立つ花。余計な飾りは何もいらない。それが吉原の遊女だと、表現したのだ。

　しかも、この見立ての花を描いたのが、人気絵師・北尾重政というのだから倣《なら》っている。駆け出しの貸本屋兼本屋が依頼できる相手ではないはずだ。「吉原細見」の仕事を通じて、吉原妓楼の扇屋や大文字屋のバックアップがあったのだろう。

　花と遊女。余計な情報を語らず、遊女の姿を読み手に想像させるという、粋な評判記は、一般販売されずに妓楼がこれを買い取り、贔屓筋に配布された。配られたと言っても、当然揚代《あげだい》（遊女や芸者を呼んで遊ぶときの代金。格式によって違う）に本代は含まれる。

つまり、重三郎はこれを見込んで評判記を作成したわけで、制作費は吉原持ちだ。評判記には今をときめく遊女ではなく、「あんまり知らんなあ」と言った名が並ぶ。これから売り出したい、もしくは売れてもらわねば困る遊女達の名を評判記に掲載することで、広告の役目を果たしている。くどくどと説明を並べ立てずに、スッと立つ生花になぞらえているので、客は勝手にイメージしてくれる。

吉原に来る客が期待する「粋」と「張り」を、重三郎が評判記の形を借りて提供したのだ。

吉原の常連達しか入手できない、花と遊女の評判記。これが「粋だ」と江戸中の話題となり、「見てみたい」という声が続出。重三郎は頃合いを見て、『一目千本』の遊女の名を消し、生花の見本帳として一般向けに販売した。当然売れた。「粋」の舞台裏で、そろばんを弾く。これも生きるためには重要なのだ。

一か八かの勝負に賭けた喜三二と重政

安永4（1775）年、吉原細見の親元である鱗形屋孫兵衛は、恋川春町の『金々先生栄花夢』で大ヒットを飛ばす。ここから黄表紙ジャンルが始まるわけで、歴史的快挙であった。

ところが、同じ年に鱗形屋は他の出版社が出している本を、勝手に自社の名で出すという失態をやらかした。番頭の一存で行った罪だが、最高責任者である孫兵衛も罪に問われ、罰金を科せられる。このゴタゴタで、吉原細見を出せない事態に陥った。

吉原細見は吉原のガイドブックであり、吉原の広報誌である。これが出ないことには集客に支障が出る。鱗形屋の一大事は、吉原の一大事でもあった。

そして、吉原の一大事は、吉原の本屋である耕書堂・重三郎の一大事でもある。吉原の流通で耕書堂を軌道に乗せたい重三郎にとって、定期安定収入となる吉原細見の親方による「出せない」判断は、食い扶持を失うことと一緒だ。

鱗形屋は重三郎にとって親会社である。重三郎は鱗形屋から「吉原細見」を委託されている代理店みたいなものだ。鱗形屋あっての耕書堂の商売である。
では吉原はというと、重三郎にとって地元であり生きてきた基盤だ。吉原細見や評判記を信頼してバックアップしてくれる恩義がある。
細見が出なければ、吉原の広告が出来ない。吉原で遊ぶには引手茶屋で妓楼や遊女を選ぶ必要があり、そのための吉原細見だ。これが出なくなるのは、吉原にとっても自分にとっても痛い。

重三郎は動いた。鱗形屋を通さずに、吉原細見『籬《まがき》の花』を耕書堂の名で出版したのだ。しかも、体裁を鱗形屋版からがらりと変え、判型を大きくして頁数を少なくし、二段組みにして妓楼や茶屋を見世《みせ》順に並べ、携帯性と読みやすさをアップさせた。さらに、巻末には自社の「遊女評判記」を広告として入れ、「吉原名物」と欄を設け、ここに「蔦屋版吉原細見は吉原全ての商家に1冊あり」と載せた。今後の吉原細見は耕書堂が出版するという宣言だ。

「俺が吉原は日本一ってのを知らしめてやる。任せておけ」

鱗形屋が再始動しても、重三郎の吉原細見は鱗形屋版を圧倒した。吉原を知り尽くした蔦屋版の方が読みやすく、頁数を少なくしたことで安価なため、細見を客に配る吉原の商家としてはこちらのほうがありがたかった。

重三郎は、鱗形屋への「忠」ではなく、吉原への「義」を取ったのである。

鱗形屋事件のどさくさで版元として独立した重三郎は、続けざまに細見以外の本も出版していく。俳諧絵本、読本、洒落本、評判記……これらに名を連ねるのが、朋誠堂喜三二と北尾重政だ。

朋誠堂喜三二は秋田藩の留守居役で、狂歌を詠み戯作も書く「宝暦の色男」と自称する、吉原サロンでは名を知られた存在だった。北尾重政は言わずと知れた人気絵師。二人とも鱗形屋のお抱え作家だ。

安永9（1780）年、重三郎はついに黄表紙出版に乗り出し、江戸地本問屋の一歩を踏み出す。黄表紙8、洒落本1、細見2、咄本《はなしぼん》2、往来物《おうらいもの》（寺子屋の教科書）2で、中心を黄表紙に据えていることがわかる。エンタメ分野への王手をかけたのだ。

この黄表紙のうち、3冊の著者が朋誠堂喜三二、5冊の挿絵が北尾重政である。再三述べるとおり、朋誠堂喜三二も北尾重政も当時の人気作家であり、おまけに鱗形屋のドル箱クリエイターでもあった。重三郎は、鱗形屋の屋台骨が傾《かし》いだとみるや、鳶《とび》が油揚げを攫《さら》うように、この二人をメインの作家に据えたのである。

この前年、江戸の出版界は鱗形屋事件に巻き込まれ出版不況に陥った。重三郎もその煽りを受けて、細見以外の本をほぼ出せていない。この黄表紙出版は起死回生の大博打であった。

多くの版元にとって鱗形屋の斜陽はいわばチャンスであり、人気作家である喜三二と重政、『金々先生栄花夢』の恋川春町の争奪戦であった、喜三二と重政は、鶴屋喜《つるやき》右衛門《えもん》や西村屋与八《にしむらやよはち》などの大手版元から当然よい条件で勧誘されたはずだ。吉原の海のものとも山のものともつかぬ小さな版元に乗り換えるなど、転けたら笑いものだ。彼らにとっても、耕書堂初の黄表紙に関わることは、大きな博打であった。

しかし、彼らは黄表紙の実績がない重三郎の耕書堂を選んだ。二大巨匠が重三郎に賭けた理由、それは吉原の極小本屋が江戸のメディアに打って出る、その鯔背にあったのか。

こんな博打、賭けない方が野暮ってもんだろう。

重三郎が仕掛けた粋な勝負。喜三二と重政はピン・耕書堂に賭けたのである。

喜多川歌麿の才能を引き出した重三郎の男気

吉原研修で蔦重純粋培養

喜多川歌麿に曲亭馬琴、十返舎一九など、重三郎が食客としてプロデュースした若手クリエイターは多い。中でも喜多川歌麿は、重三郎の黄金時代を一蓮托生となって活動した天才浮世絵師だ。その才に重三郎は惚れ抜き、信じた。歌麿も重三郎の元で才能を存分に発揮した。

歌麿は最初から天才絵師でも美人画家でもなく、重三郎が知り合った頃は無名の絵師だった。鳥山石燕の弟子なのだが、石燕と仲がよかった北尾重政によく面倒を見てもらったらしく、歌麿の絵も重政の影響が見える。

デビューは安永4（1775）年、北川豊章《きたがわとよあき》の名で書いた役者絵だった。以降、黄表紙の挿絵を手がけるようになる。版元は西村屋与八であった。

西村屋与八の号は永寿堂《えいじゅどう》といい、浮世絵や役者絵など絵双紙《えぞうし》を得意とする地本問屋である。活動は宝暦期（1751〜1764年）からなので歴史はまだ浅いが、実は与八は鱗形屋の次男であり、永寿堂に養子入りした身である。しかも有名な水茶屋の笠森《かさもり》おせん（水茶屋「鍵屋」の看板娘で、江戸の三美女の一人としてもてはやされた）で知られる鈴木春信の錦絵も出しているという、既に江戸では大版元であった。

歌麿がデビューした時、西村屋には既に美人画と役者絵を得意とした鳥居清長《とりいきよなが》がいた。清長は既に100種類以上の役者絵を出す人気絵師で、黄表紙の挿絵も10冊の実績。一方歌麿はというと黄表紙がやっと4冊。西村屋の待遇の差は歴然であり、歌麿に出番は回ってこない。重三郎と運命の出会いを果たしたのは、そんな時であった。

重三郎がどういうきっかけで歌麿に接近したかはわからない。歌麿の師匠である鳥山石燕の門下には、恋川春町もいる。おそらく、重政や春町の繋がりで歌麿を紹介されたのだろう。

当時重三郎は、黄表紙で大勝負に出た頃であり、北尾重政、勝川春章に代わる若手の発掘に取りかかろうとしていた。重政も春章もそろそろ大御所であり、西村屋のように次世代の絵師と戯作者が欲しかったのである。戯作者は朋誠堂喜三二の繋がりで恋川春町がいたが、絵師はまだ見つからない。そうした時に見つけたのが歌麿だ。鳥山石燕の門下で重政が持つ狩野派《かのうは》（狩野家を中心とした絵師の集団で、常に幕府の仕事を行ってきた人たち）の雰囲気を持つ絵。そして、デビュー版元の西村屋で苦汁をなめている、まだ誰もその輝きを見ていない、原石だ。

天明元（1781）年正月、重三郎は志水燕十《しみずえんじゅう》による『身貌大通神略縁起《みなりだいつうじんりゃくえんぎ》』の絵に、歌麿を起用。初めて「歌麿」の名を使用したこの作品で、重三郎は豊章改歌麿の独占を世に宣言する。重三郎は西村屋を、歌麿は鳥居清長を意識しただろう。重三郎&歌麿のバディが、ここから始まったのだ。

天明3（1783）年、重三郎は満を持して大手版元が集まる日本橋の通油町で出店する。この前年、重三郎は絵師や戯作者を集めて歌麿お披露目の会を行っている。

重三郎は天明元年ころからは自らも「蔦唐丸《つたのからまる》」と号して、狂歌連に所属。大田南畝の懐に入り吉原連を主催し、南畝や朱楽菅江《あけらかんこう》、森島中良《もりしまちゅうりょう》、そして朋誠堂喜三二、恋川春町らと狂歌サロンを創り上げようとしていた。そのサロンに、歌麿を入会させたのである。

大田南畝の厳しい面接をクリアした歌麿は、重三郎と共に狂歌を詠み、サロンメンバーを接待した。重三郎は歌麿を吉原に住まわせ、酒も女も、金の使い方も学ばせた。一流の客達が、一流の遊女と知的な会話を交わす。吉原は日本中の一流が集まる場所だ。重三郎は、おそらく歌麿の女性の美を写す才を見抜いていた。この腕を、唯一無二のものにする。重三郎は歌麿の才能に、人生を賭けたのだ。

重三郎、すこぶる侠気《きょうき》あり

重三郎は狂歌絵本『百千鳥《ももちどり》』『画本虫撰《えほんむしえらみ》』『汐干《しおひ》のつと』で、歌麿の艶やかな筆を世に知らしめ、寛政2（1790）年からは「美人大首絵《おおくびえ》」で美人画の大家へと押し上げた。女性の内面の美を写し取った全く新しい美人画は、西村屋お抱えの鳥居清長を美人画から引退に追い込んだ。歌麿に取ってみれば、苦節10年の末に雪辱を果たしたと言えよう。

なぜ西村屋が見抜けなかった歌麿の才を、重三郎は見抜けたのか。その違いは、西村屋と重三郎の、クリエイターへの考え方にあったのではないか。

曲亭馬琴は『近世物之本江戸作者部類《きんせいもののほんえどさくしゃぶるい》』で西村屋について、「版元は作者や絵師の広告をしてやっているようなものなのだから、こちらから頼みに行くことなどしない。本を出したけりゃ頭を下げに来い」と述べていたと記している。

対して重三郎は、『戯作者小伝《げさくしゃしょうでん》』にある雪麿の話によると、「唐丸（重三郎の狂歌名）は頗《すこぶ》る侠気《きょうき》あり。故に文才ある者の若気に放蕩《ほうとう》なるをも荷担して、又食客と成して財を散ずるを厭《いと》はざれば、是がために身をたて名をなせし人々あり」とある。

才能に投資を惜しまず、それが糧となれば豪快に遊ばせた。それは、重三郎が少年時代に見た、男気の大通人たちの姿であった。

売れてようが売れてなかろうが関係ない。重三郎は才能を信じた。その名を轟かせる日を信じ、共に歩んだ。対して西村屋は、大手版元としてのプライドを重視し、クリエイターの才能に胡坐《あぐら》をかいた。

時には泥臭く立ち回り、無駄金を使い、負けて地団駄を踏む。西村屋にとって、重三郎と歌麿は「かっこ悪い」版元と作家だったろう。

だがしかし、重三郎の男気は、そのかっこ悪さも含めて江戸っ子であり「粋」な姿として、江戸の庶民達に受け入れられたのであった。

実践！　生粋の庶民・山東京伝が教えるモテの会話術

生まれは深川、妻は吉原遊女

江戸後期を代表する作家・山東京伝。天明・寛政期（1781〜1801年）には蔦屋重三郎と鶴屋喜右衛門が独占したヒットメーカーでもある。そんな京伝の本には、京伝が思う江戸の粋が語られている。

京伝の生まれは深川木場である。現在の江東区の木場には面影は何一つないが、当時はその名のとおり、木材置き場であった。ここで働く川並鳶《かわなみとび》（木材の管理や運搬などに携わった人のこと）は、水難事故で命を落としても身元がわかるようにと、背中に「深川彫り」を入れていた。神田の火消しに深川の川並。粋で鯔背な職人の代表だ。

周辺には材木問屋が軒を並べ、豪商達は深川の料亭や花街で金に糸目を付けずに派手に遊び倒す。そこにいるのは深川の芸者、通称辰巳芸者だ。男物の羽織で源氏名も男の名を使う、そして何より気風《きっぷ》が良い。

粋で鯔背な江戸の職人達と、豪商たちの通名遊びを見て育っている京伝は、息を吐くように「粋」を戯作に書き連ねた。

京伝は、当初は絵師であった。浮世絵師・北尾重政に入門して北尾政演《まさのぶ》を名乗り、多くの狂歌本や戯作（小説や絵本）に挿絵を描いている。戯作のデビューは、安永9（1780）年の『娘敵討古郷錦《むすめかたきうちこきょうのにしき》』『米饅頭始《よねまんじゅうのはじまり》』の黄表紙だ。

この頃、江戸の「十八大通（代表的な通人）」の一人、浅草蔵前《くらまえ》の札差・文魚《ぶんぎょ》（商人）が京伝のパトロンに付いた。吉原に通うようになり、京伝の弟子・曲亭馬琴が言うところによると「家に帰るのは月に5、6日」であったという。落語では、そんな体たらくの若旦那は勘当されるのがオチだが、京伝の父母は「自分の能力で稼いだ金で遊んでいるのだから」と特に気にする様子もなかったという。

大田南畝が認めた『御存商売物《ごぞんじのしょうばいもの》』のヒットで人気作家の仲間入りを果たした天明2

（1782）年、京伝の才能はいよいよ蔦屋重三郎に見つかり、そのほかのクリエイター達と吉原の狂歌会で遊ぶようになる。この狂歌の吉原連のメンバーはというと、新進気鋭のプロデューサー・蔦重と、メディアを席巻するクリエイター達。吉原の狂歌会は、世の中を穿って洒落て笑うという、暇を持て余した知識人たちの遊びだった。内輪ウケと知識を下世話ネタで照れ隠し、それでもあふれ出てしまう洒落。これを蔦重が北尾重政や喜多川歌麿あたりの絵入で本にして売る。

現在で言うところで、業界人とクリエイターが、赤坂辺りのクラブや高級な良い感じの店で集まって「こんなんできちゃったけど、どう？」みたいにインスタにアップしてバズる、といったものだ（偏見）。

そんなパリピの中で、ともすればただの粋を気取った野暮な野郎になりかねないものだが、そこはさすがの深川っ子。押さえるところはしっかり押さえ、どこまでもクールな京伝を通した。蔦重が版元の『江戸生艶気樺焼《えどうまれうわきのかばやき》』をはじめとして、黄表紙も洒落本も売れまくった。

寛政2（1790）年には、吉原扇屋の主の勧めで番頭新造である菊園《きくぞの》を娶《めと》った。菊園は27歳ということで、そろそろ年季明けという年齢である。とはいえ扇屋は、花扇や滝川といった名妓《めいぎ》（すぐれた芸者）を育てた名門妓楼。現在で言えば、銀座の老舗有名会員クラブといったところか。そういう妓楼の遊女なので、番頭新造といえどもそれなりだ。

扇屋の主人の宇右衛門《うえもん》は「墨河《ぼくが》」という号を持ち、歌もやれば書も玄人並み。狂歌は吉原連に会した大通人だ。そんな人物が、身請け（遊女などの身の代金を代わりに払い、その勤めから身を引かせること）先に武家作家ではなく京伝を選んだということは、京伝が大通人・墨河のお眼鏡に適ったということだろう。

実際、どちらかといえば菊園の方が京伝に惚れていたらしい。江戸時代、遊女を妻に迎えることとは、ハリウッドスターとまではいかなくても、アイドルか人気俳優と結婚するようなものであった。

吉原遊女が惚れて、妓楼の主人が認めて、蔦重が推す。フリーランス庶民京伝が、なぜこれだけ経済界や業界人から信用を得て、しかもモテたのか。

ヒントは京伝が書いた洒落本にある。

『傾城買四十八手《けいせいかいしじゅうはって》』にみる京伝の人間への眼差し

洒落本とは遊里のドキュメンタリー文学であり、色街での男女の会話を書いたものだ。その会話は洒落ていて、粋でなければならない。いわば、「花街でモテるためのコミュニケーション」のハウツー本として読まれていた。

吉原通いの京伝は、この洒落本も大いに書いた。しかし、京伝の書く洒落本は、そんじょそこらの吉原武勇伝みたいなものとは一線を画す。会話文には男女の「心」のやり取りが描かれる。ノウハウ系実用書から、恋愛小説に昇格しているのだ。修行中の坊さんまで読んでいたというのだから、よっぽど健全だ。恐らく、重三郎は京伝の内にある美意識を読み取り、敢えてR18にならない洒落本を出したのだろう。

京伝の洒落本『傾城買四十八手《けいせいかいしじゅうはって》』は、寛政2（1790）年に蔦屋重三郎を版元として京伝が書いたもので、菊園と所帯を持った年でもある。内容は、客と遊女の恋の手管を「しっぽりとした手」「やすい手」「見ぬかれた手」「そはそはする手」「真の手」に分けて描いたもので、交わされる軽妙な会話の中に粋の美学を見ることができる。なかでも「しっぽりとした手」は、恋のさや当て的な、しかしどこか本気のような、そんな会話が繰り広げられて、読む者をモダモダさせる。

年は16、この春から突き出しの遊女と、上役なのか年上の客なのかに吉原に連れてこられた「息子」は年の頃18くらい。会話が苦手らしく遊び慣れていない風だが、身なりが良い。

「お前さまみたいな人には、家におかみさんがござんしょうね」

「まだそんなものはいないよ」

「じゃ、どこぞの良い人と、お楽しみがあるんでしょう?」

「家がやかましいから、ここ（吉原）には、去年お酉様《とりさま》（鷲神社で行われる「酉の市」のこと）の帰りに来たきりさ。私のことだけじゃなくて、お前のいい話も聞かせておくれよ」

「わっちのことなんて、誰も相手をしてくれないもの」

「よく嘘をつくね。そうだ、名を嘘つきと呼ぼうか。惚れた客があるんだろう？」

「好きになるような客なんて、いないのさ」

「そりゃあ残念。私になんか、尚更だろうね」

「ぬしにかえ……？　もう、言わない」

「おや、ずいぶんと焦らしなさるね」


何を見せられてるんだ、という気になるがもう少し続く。

「わっちが惚れたお人は、たった一人でござんすよ」

「そりゃあ、うらやましい男だ」

「……お前さまさ」

「ずいぶんと、あやしてくれるね」

「ホントのことだもの」

「お前のような美しい女が惚れてくれるなんて、私にゃもったいない話だ」

「また来てくれる？」

「呼んでさえくれたら、きっと来るとも」

「ホントに？　うれしい」（著者による現代語訳）

……と遊女の誠を確かめようとした矢先に、相手の遊女に振られた連れの男がやってきて、しっぽりがご破算になるというオチが付く。なんだ、この野暮天は。

しかし、遊女と初心《うぶ》男は、入ってきた野暮男を無下《むげ》にすることなく、ぼやきを聞いてやっている。振られた男が部屋を出て行くと、「あとはふたり、ほっとためいき」。そして次のシーンでは、茶屋男が朝に「お迎えでござります」と来る。どうやら首尾良くできたようだ（何を）。

真面目で遊び慣れていない男が、結果的にモテるというオチは、初期の洒落本『遊《ゆう》子方言《しほうげん》』にもある。通人ぶる男が振られ、口説こうともうまいことやろうとも考えずに、連れや遊女にも気を使えて、その場の雰囲気と会話を楽しもうという客がモテる。なんだったら、遊女の方から惚れてくれる。

というか、これは京伝と菊園のあれやこれやだったのではないか。がっつくことなく、聞き上手。「みぬかれた手」に登場する、身分をひけらかして遊女に振られる悪代官みたいな武士では、いくら金持ちでもモテないのだ。

さて、吉原は全ての恋が遊びかと言えば、そうではない。「真の手」では、相思相愛でゆくゆくは夫婦になろうという客と遊女が登場する。

男の方は30がらみの苦み走ったどこぞの商家の若旦那風の良い男。遊女との付き合いは長く、お互い本気になったは良いものの、そろそろ通う金がなくなってきたうえに、身請けする程の蓄えもない。こういう場合は大概心中（男女の互いの愛情が変わらないことを示すため、一緒に自殺すること）となるわけで、遊女は「いっそ、死んでしまいたい」と後れ毛のある額を男の顔にすり寄せ、二人で涙を流す。

「なぜ、こんなに迷わせたんだ。恨みだぜ」

「なぜ惚れさせてくんなんしたェ」

といった会話が繰り広げられ、あとは褥《しとね》で（後略）。

京伝は、遊女が本気になることも、客が遊女に本気になることも、「傾城《けいせい》（遊女）に真があって運のつき」という。男の方は金は使うし、遊女の方は張り見世（遊女屋の道路に面した部屋に遊女が並んで客を待つこと）にも出なくなる。吉原内の恋愛など、野暮の極みなはずだ。

遊女は、妊娠したことを男に明かす。男はしっかりと女を抱きしめる。

暮れ六つの鐘がゴオン。

京伝「ちくしょう、うまいことやりやがったな」

恋に理屈が通じないのが世の習いだと京伝はいう。兼好法師《けんこうほうし》の筆も及ばぬ恋の情とは、落語のお決まりのサゲだ。これから幾多の苦労があろう二人に、京伝は祝福の捨て台詞を告げて去る。

これが、京伝流の粋である。くどくど理屈を述べない。それが野暮だろうがなんだろうが、幸せなら結果オーライなのだ。


ところで、粋が羽織を着て歩いているような京伝だが、実は見世で使う金は金一分と決めていた。現在で約1万5000円程度だ。仲間内で来るときは、必ず割り勘にした。この勘定を、仲間達は「京伝勘定」と言ったが、馬琴曰く「金で人ともめたくない」からだったという。

吉原通いで狂歌を詠んで、ふざけた黄表紙や洒落本を書くパリピに見せかけながら、意外とけじめと財布の紐はしっかりと締めている。こうしたところが、扇屋の主人からの信頼を得たのだろう。

負け組がパリピに勝てる江戸っ子の「心意気」

江戸っ子の作法

京伝の粋な文体や構成力を見抜いていた重三郎は、積極的に洒落本を書かせた。洒落本は、馬琴に言わせれば「誨淫《かいいん》の艶史《えんし》」であり男女の肉欲恋情を教える本なわけで、通常は作者も版元も明記しなかった。「貸本屋、これはおよしと下に入れ」と川柳に詠まれる程度には教育上よろしくない類いの本だったからだ。そういう本は、そういう出版社が出版していた。今も昔も同じである。

しかし、重三郎は洒落本をまあまあ健全な娯楽本にしてしまった。これを可能としたのが、京伝という作家であり、重三郎のプロデュースと企画力の賜物なのだろう。

天明7（1787）年に重三郎と京伝が出した洒落本が『通言総籬《つうげんそうまがき》』だ。黄表紙『江戸生艶気樺焼』の続編の形で、艶次郎と悪友の3人組の会話と吉原出の首尾を通じて、江戸の「通」の在り方を描く。

「通」は江戸っ子の庶民達にとって憧れの美意識だった。「通」と言われたくて、天明・寛政期の庶民達は、大工の職人まで三味線だ、小唄だと習い事に通い、その発表会で披露しては自慢したのだ（既にそこで粋ではないような気がするが）。

「通」と「粋」はどう違うのか。どう関連するのか。

まずは、この本の冒頭に書かれている、江戸っ子の定義をみてみよう。

金の魚虎《しゃち》をにらんで、水道の水を産湯に浴びて、お膝元に生まれ出でては、拝搗《おがみづき》の米を喰って、乳母日傘で長《ひととなり》、金銀の細螺《きさご》はじきに、陸奥山も卑《ひく》きとし、吉原本田の髳《はけ》筆の間に、安房上総《あわかずさ》も近しとす。隅水《すみず》の鮊《かすべ》も中落は喰ず、本町の角屋敷をなげて大門をは、人の心の花にぞありける。

《訳》江戸城の金の鯱《しゃちほこ》をにらんで、水道の水を産湯に使い、江戸城の元に生まれ、白米を食べて乳母に育てられ、おはじき遊びにも金銀のきしゃごを使い、流行の髷の向こうには安房上総が見える、隅田川の白魚は脂っぽい中落ちは食べず、屋敷を売っぱらってでも吉原を借り切って豪遊する。それが江戸っ子の心意気というものだ。

――マジレスすれば、これができるのは相当な富裕層である。それこそ、扇屋の主人や御蔵前の札差クラスだ。江戸っ子のほとんどが、乳母日傘で育てられているわけもなく、せいぜいできるのは「白米を食べて」までである。

この本は「通」を書いている。つまり、この本に登場する「通」とは、吉原で豪遊できる金と屋敷と商家を持っているごく一部の人種だ。

ところが、江戸の庶民達はそんな金持ち「大通」達の「豪遊」に憧れた。蔵前の札差・大口屋暁雨《おおぐちやぎょうう》がモデルとされる助六は、歌舞伎の人気の演目だった。

庶民達が真似て憧れたのは、金をばら撒く姿ではない。江戸の一等地に建てた屋敷をなげうってでも身銭を切り、気前よく金を使い手元には何も残さない「宵越しの金はもたない」という「心意気」だったのだ。

艶次郎《えんじろう》たちの会話に見る江戸の「かっこよさ」

この『通言総籬』は二部構成になっている。前半は、商家の若旦那・艶次郎《えんじろう》と太鼓医者の悪井志庵《わるいしあん》が日本橋に住む幇間《ほうかん》（宴会などで客の機嫌をとり、その場を盛り上げる人）の北里喜之介《きたりきのすけ》の家に行き、だらだらと世間話をして、後半は時間もよしと吉原に出かけ、夜も更けて廓《くるわ》（遊郭）の様子が描かれる。

洒落本なので、ジャンル上どうしても廓内でのあれこれを入れねばならないのだが、この本のテーマはむしろ前半だろう。

この話の中心となるのは、幇間の北里喜之介だ。『江戸生艶気樺焼』で主人公の艶次郎は脇役で、金に糸目を付けずに浮気な遊びをするのではなく、半可通《はんかつう》として描かれる。半可通とはよく知りもしないのに知ったかぶりすることで、通人ぶることをいう。つまり、通ではなく野暮でもない、一番手に負えない役柄だ。志庵は前回と同じで、医者の腕は悪いが遊びの心得には通じている（そうでもないのだが）。物語は、喜之介の家に艶次郎がやってきたところから始まる。

喜之介の家の黒格子には、蘭の鉢植えがあり、竹のすだれがかかっている。女房であるおちせは松葉屋の元遊女で、年季が開けて情人だった喜之介と所帯を持った。まだ廓言葉が抜けず、髪は薄くて耳の脇には枕だこがある。この3つがどうにか遊女だった面影を遺しているが、今では油染みた小袖に黒の半衿、媚茶《こびちゃ》（黒みのかかった茶色）の帯に更紗《さらさ》（木綿布）の風呂敷をはさみ、前掛け代わりにしている。

やってきた艶次郎は、紺縮緬《こんちりめん》のらせん絞りの襦袢《じばん》（肌着）に、黒魚子《くろななこ》（黒い絹布）の裏襟と薄藍色の裾回し《すそまわし》（裏地）が付いた広東縞《かんとんじま》（広東の絹）の下着に、黒茶色の小紋の黄八丈《きはちじょう》（絹織物）の長着（足首まである長い和服）にお納戸茶《なんどちゃ》（暗い青緑色）の帯を締め、平打ちの紐が付いた黒八丈《くろはちじょう》（黒色の絹織物）の長羽織で黒革の足袋、さめ革の脇差《わきざし》（短い日本刀）を指し、浅草諏訪町《すわちょう》の床屋で抜いた吉原本多の二日目の月代を目立たせている。

おちせは明《みん》（中国の王朝）の陶器を模した火鉢にかかっている、真鍮製の広島やかんで茶を注ぎ、喜之介は下戸の艶次郎に豆入りの金平糖を出してやる。艶次郎は越川屋がアンペラ仕立てに作った柳左根付け《りゅうさねつ》（透かし彫りの施された留め具）を付けた煙草入れから、住吉屋製の金の布目象嵌《ぬのめぞうがん》（金属にV字錠の溝を彫り、その部分に金や銀の金属線を埋め込む方法）の煙管で煙草《きせる》を吸う。志庵には浅草の山屋が出している銘酒・隅田川を出してやると、志庵は茶屋近江屋権兵衛《ごんべえ》の昆布巻きはないのかと聞く。

これらは当時の江戸の最新モードだ。

喜之介は元遊女を女房にして、蘭の鉢植えを置いて、絵付けがされた洒落た火鉢には、雲龍などの模様を打ち出した真鍮製のやかんがかかっている。

艶次郎は、半可通だが今時のイケてる格好でキメている。越川屋のたばこ入れも住吉屋の煙管も、おそらくロレックスとかなんかそういう高級時計あたりなのだろう。

喜之介が出した酒は山田錦の純米吟醸クラスで、志庵がほしいつまみは、どこかのお取り寄せグルメなのだ。

話はさらに続く。

喜之介は戸棚から「住吉町の川治から茶入れを買いました。ごろうじやし」と見せる。艶次郎は「これは京釜ものだ、新兵衛か万兵衛だろう。一両ってところか」と、目利きを披露し、自分も数寄屋橋《すきやばし》の伏見屋で瀬戸の名茶器を見せられたと、茶入れの話となる。

話題はそれから書や絵に移り、狂言の話も出る。やがて時が来たのでそろそろ出かけようとなり、おちせは喜之介の頭に櫛を当て、羽織を着せて送り出す。

いざ吉原に着くと、艶次郎は相方のおい川（瀬川）と喧嘩となり、志庵は泥酔して何かをすることなく爆睡してしまい、喜之介はというと、新造とお引けと見せかけて、不倫中の遊女と忍び会う。

三人三様の夜を過ごし、夜が明けて籠を走らせ帰途につくのだ。

通と粋の違い

彼らが見た目だけ通ぶっているわけではないことがわかる。茶器の目利きも出来れば書画の話も出来るし、武家の教養である能狂言の演目も知っている。

「あふぎやへ行くので唐詩《とうし》せんならい」

唐詩選など漢詩にも通じてなければ、扇屋で恥をかかされるという意味の川柳だ。

扇屋といえば、主人からして文化的素養があり、夫婦揃って歌も書もたしなむ。当然、遊女にも相当な教育を施し、身分の高い武士や経済界の重鎮とも会話が出来るように育てた。

そうしたレベルの高い遊女がいる妓楼には、レベルが高い客が付く。銀座の高級クラブには政界や大企業の会長などすごいのが集まるし、そうした方々は新宿や池袋のキャバクラや、上野や北千住の場末のスナックには行かないのである（偏見）。

半可通とキャラ付けされている艶次郎も、通であろうとするからには一応は知識がなければ、それらしい言葉は出てこない。松田屋（松葉屋）のおす川（瀬川）を揚げるつもりならば、越川屋や住吉屋で買った流行の高級グッズを身につけるだけでは相手にされない。文化的で意識が高い会話ができなければならないのだ。

京伝と重三郎のいう「通」とは、見た目の豪華さに加えて、知識素養も条件に挙げた。「みなさんが馬鹿にしている艶次郎だって、このくらいは喋れます」と、「指南」しているのだ。

では、この物語に「粋」は出てこないのか。さりげなく蘭の鉢植えを置いてみたり、火鉢や真鍮のやかんなど、嫌みのないお気に入りの小物を揃え、遊女上がりの女房と丁寧な暮らしをして、吉原ではしれっとうまくやっている喜之介が、一見「粋」に見えるかもしれない。

ここで「粋」であるのは、喜之介の女房である元遊女・おちせだ。

彼女は、夫の喜之介が馴染みの遊女の他に、情人があることを知っている。年季明けした自分を女房にしておきながら、どこぞの妓楼の遊女と、吉原遊びではない恋愛を楽しんでいる。それを知っていながら、おちせは喜之介が吉原でいっぱしの通人に見えるように、世話をやいて「ごきげんよう」と送り出すのだ。

おちせは着古した小袖に黒衿を付けて、風呂敷を前掛けにして、遊女であったおもかげは廓言葉と枕だこだけだ。

しかし、疑似恋愛から本気に足をかけている夫に、嫉妬の顔は絶対に見せない。これが、吉原遊女の「意気地」だ。「意気地」は「粋」に通じ、「張り」でもある。通ぶって浮かれている喜之介には、おちせと読者、そして重三郎と京伝の冷ややかな視線が注がれている。

〽羽織着せかけ行先たづね、拗ねて箪笥《たんす》を背中でしめ

ほんにあなたは罪な人

この小唄は明治に入ってからのものらしいのだが、おちせにも同じ色気と粋がある。通は金さえあれば繕うことはできるが、粋は「心意気」である。そこには生き方の信念が一本通っている。心意気があって初めて、粋と色気が醸し出されるというものだ。

3章 野暮の作法

「金」と「権力」の話が野暮な理由

黄表紙や洒落本に登場する野暮

「粋」の対極にあるのが「野暮」と言われる。

どうも粋とは、恋愛の場面で見られる行動が多いようなのだが、そこに恋愛が入らない場合は「張り」「意気地」「男気」「鯔背」が付いてくるようだ。これらについても後述するが、そこに「野暮」は登場しない。

「野暮」と相性が良いのは「笑い」「穿ち」だ。となれば、こちらも後述する際のために「野暮」の定義は知っておかねばなるまい。

おなじみ三省堂《さんせいどう》の新明解国語辞典によると、野暮とは元は遊里の言葉で、やはり粋の対義語として使われ、遊里の事情に通じていない様子を指す。これが転じて、世間の事情や人情の機微に疎い、その場に適切な対応ができない、言動や身のこなしが見るからに洗練されていない様をいう。

確かに、洒落本では野暮な仕草の客と粋な客を対比して、「みなさんも、こうやって野暮になっては吉原で相手にされませんよ」的な話で笑わせる。

要するに、今でいうところの「空気が読めない」というやつか。最近は、SNSの誹謗中傷的な言葉にも、気の利いた返しが求められるし、寄席で携帯を鳴らされたら客のそれをいじって笑わせろ、なんてのもある。なんで気を悪くさせられたのに、媚びなくちゃならんの。今も昔も、ゴーイングマイウェイは生きづらい。


しかし、『遊子方言』では酒も煙草もうまくやれず、吉原も初めてという者が「寝ることも出来ない」くらいにモテている。

落語『明烏《あけがらす》』では部屋に籠って本ばかり読み、騙されて吉原に行ってってしまい「おっかさーーーーん！」と叫んで逃げようとする日向屋《ひゅうがや》の若旦那の時次郎《ときじろう》が、最終的に絶世の花魁《おいらん》（吉原の遊女で位の高い者）、浦里《うらざと》にモテている。現在の『明烏』では、若旦那が無理矢理部屋に引きずられ、夜が明けたら浦里と寝ていたという展開だが、明治期の速記ではちょっと違う。

時「エェ、枕が二ツ……」

花「いいじゃありませんか」

時「私は如何に寝相が悪うございましても枕の掛替が要りません。一つでたくさんでございます」

何が始まるのか、この期に及んでわかっていない時次郎。煙草を吸い付けてやれば「煙草は眼が回ります」と煙管を受け取らない。花魁は絶対に何事も起こさせようとしない時次郎に気を利かせてみる。

「寝るところがございませんので、ぬしの布団の隅の方に寝かせてくんなまし」

「いけません、何と仰ってもいけません。第一男女七歳にして席を同じうせず、と申します。そんな不行儀なことは私は致しませんから、あっちに行ってください」

埒が明かないうえに、遊里の床で儒教の礼記が出てくる。まあ、いくら知的な会話が通の仕草と言えども、話題を選ぶ必要はあるだろう。

しかし、そんな時次郎に浦里（ここでは「花魁」）は……世間知らずのうぶな若旦那、男は極すい（最高級）の美男色白で嫌みのない上品な若旦那だから、花魁も流れの勤めはしているけれども、どうぞこういう大人しい若旦那を二度でも三度でも呼んでみたい。しみじみ可愛い人だと流し目に見ておりましたが、これは花魁の方から女嫌いの時次郎にぞっこん惚れ込んでしまいました。（著者が現代仮名遣いに補綴）

と、花魁はそっと時次郎の布団に潜り込み、時次郎も「いけませんねェ」となり、噺家《はなしか》がそこで「そのあとは私も存じません」とやる。こういうサクッとした落とし方が、落語の粋なところだ。

と、こんな具合で洒落本や落語では、ぅぶな方がモテて、通でこなれている者ほどモテない「野暮」「無粋」という描かれ方をする。つまり、うぶで遊里の事情に通じていないなどは関係ない。空気が読めなくても問題ない。「わからない」「嫌です」「こっちの方が好きです」とはっきり伝えて構わない。そうでないと、後々面倒な誤解やしがらみを残すからだ。

野暮なのは、通だの粋だのを押しつけてくる輩《やから》の方である。「それは粋じゃないのでいけませんね。粋とはこうするんです」とか「私は通で粋なので、教えてあげましょう。私の言うとおりにするとようございます」「どうですか、粋でしょう通でしょう、うらやましいでしょう」というのは、「黙ってれば害はないのに」となる。

SNSで人の投稿に「そうではない、こうするべき」と自分の中の信念を以て論破しようとしてきたり（それは主に押しつけというのだけれど）、「ホームパーティー、楽しい時間をありがとう」とハッシュタグを付けてタワマンからの景色や豪華でシャレオツ（死語）な料理を並べた写真でマウントを取ってみたりすることも（偏見）、洒落本の指南的に考えると「振られるタイプ」だ。

彼らは自分たちが粋で通でイケていて、自分以外はみんな野暮で残念な民だと思っているのかもしれないが、投稿を見た人が「楽しそうで何より」と思えなければ、実は野暮の極みだ。そこら辺のさじ加減ができなければ、粋ではない。

となれば、SNSでマウントを取ってくる衆は野暮の極みなので、「残念な人々」と考えておけば精神は安定するし、こっちに害が回ってくることはない。

田沼意次と松平定信

粋と通がセット販売ではなくなり、粋の単品が庶民の美意識として培われていったのは、実は「寛政の改革」の存在が大きいのではないかと考えている。

田沼意次の重商主義政策は、自由な商売が許され、町人達の発言力が強くなり、庶民でも何者かになれる世となった。大衆文化は発展し、庶民達にもエンタメを楽しむ余裕が出来、江戸の町はいよいよ日本の首都として大きくなっていく。

しかし、光が当たれば影ができるもので、貧富の差が広がり、賄賂がはびこる。大通人たちの豪遊は、影によってできた恩恵だ。大衆はこれをよくわかっていたのだろう、彼らの「金」ではなく、その男気や豪快さを賛美した。

後述するが、パリピのインスタグラムの役割を果たした狂歌本や恋川春町の『吉原大通会』（版元：岩戸屋源八《いわとやげんぱち》）も、自らを通ぶって見せている様子を「洒落て」いる。どちらかというと、自虐に近い。「半可通が何かやってますよ、笑ってやってください」であり、その洒落を大衆はメディアとして楽しんだのである。

ところが、松平定信が「こんな自堕落なことではいかん。世の中のトップに立つのは武士であり、米は何よりも尊いし、金を稼ぐ行為は汚い（偏見による意訳）」としたことで、世の中がひっくり返った。もちろん、下級武士や庶民にも等しく学ぶチャンスを与え、能力のある人材は登用するというキャリアアップ制度の導入は、粋な計らいではある。だからといって、武士の借金を帳消しにして札差や商人達を困窮に陥れるというのは、いけない。

こうしたこともあり、「通」と「粋」が別物となったのだろう。実際、倹約と出版統制は「天保の改革」まで続くのだが、美意識は「いかに金を使わずにスマートに遊ぶか」に変化していく。一晩に一分しか使わない京伝は、時代の先を見ていたのだ。

ただ、松平定信は黙って改革を推し進めていけば良かった。農政や福祉に重点を置いた政策は、実に素晴らしい。しかし、大衆文化にまで口を出したあたりから様子が怪しくなってくる。「世の中を惑わす」ものとして、色里指南の洒落本や、ナンセンスで風刺的な黄表紙が統制の対象となった。ジャンプやサンデーなどの漫画雑誌やちょっと色っぽかったり社会派だったりというテーマを扱う青年誌、政界のあれやこれをすっぱ抜く週刊文春が出版停止になることと同じである。

なぜそこまで松平定信は「世の中のためにならない」メディアの統制にこだわったのか。そこには、定信の「誇り」があった。

晩年に定信は自伝を書いている。その名も『修行録』。この自伝の中で、定信は「それとなく想い合っていたがプラトニックな腰元《こしもと》（上流の人々の側に仕える女性）と別れる晩、一緒の布団で寝たけれども情欲は一切起こらなかった。何もしないで夜を明かした」と、誇らしげに書いている。つまり、定信にとって禁欲こそ美しく（自伝のタイトルが修行録だものな）、洒落本や黄表紙の笑いなどは自堕落の極みで、儒教の教えに則り生きる崇高な幕府（主に自分）を風刺することなど、断じてあってはならなかったのだろう。

松平定信の改革は、世の中を良くしようとする、正義と善意に依るものであった。しかし、大衆のエンタメまでに口を出しては途端に野暮となる。野暮に映れば江戸っ子というものは茶化したくなるのが道理だ。信念は黙って貫け。人に押しつけて悦に入れば、それは野暮を超えて滑稽となる。

ましてや、権力がエンタメに口を出しては、滑稽以上に碌なことにはならない。しかし、以降現代に至るまで繰り返されていくことを、我々は知っている。

『江戸生艶気樺焼《えどうまれうわきのかばやき》』に見る格好いいブサメン

愛された野暮の代表、京伝の艶次郎

代表的な黄表紙として必ず登場するのが、山東京伝の『江戸生艶気樺焼』だ。天明5（1785）年、版元はもちろん蔦屋重三郎、京伝24歳の作で、挿絵も北尾政演名義で描いている。この物語の主人公で、後にスターシステムで京伝の作品にたびたび登場する「艶次郎」は、団子鼻で「醜男《ぶおとこ》」という設定だ。この艶次郎がやたらにウケたので、京伝は以降、自画像にも艶次郎の顔を使った。京伝はどうやらシュッとしたイケメンらしいのだが、なのに自分をブサメン設定にしているのは、黄表紙がギャグ漫画の位置づけだったからだろう。

作品に合わせてキャラを演じた京伝のプロ意識。これが読本という勧善懲悪《かんぜんちょうあく》の真面目な小説メインになってくると、ちゃんとイケメンの方の顔で世間に登場している。

　さて、物語はというと、『通言総籬』とは違い、浄瑠璃や新内節《しんないぶし》の正本（歌詞と楽譜が記された本）を、艶次郎が読みながら愚痴っているところから始まる。

「こういう浄瑠璃みたいな心中したくなる恋ができたら、さぞ面白いだろう。物語に出てくるこいつらは、運の良い月日に生まれたんだな」

　艶次郎は百万両の金持と言われる仇気屋《あだきや》の一人息子、19、20歳になる若旦那。生まれつき不真面目で地道な仕事が長続きせず、暇さえあれば浮気なこと（恋愛、男女のこと）ばかり考えている。特に病気にならなければ人生安泰という身分だ。それでも、恋愛についてはうまくいかないらしい。

　艶次郎は、お馴染みの北里喜之介、悪井志庵に、モテる方法を相談する。喜之介は「流行の歌がその気にさせる」「恋文にもコツがある」などと、知ったかぶりで恋愛指南。京伝の絵では喜之介はいい男風に描かれており、さすが外に女を作っていい気になっているだけある。

　モテは一朝一夕では成らぬ。しかし、コツコツが苦手な艶次郎は「モテるというのをやってみたい」と金で解決することにした。まずは女の名前を腕に入れてモテ男のフリをしようと、両腕と指に彫物を入れる。「この痛いのが、女に惚れられた男の粋なところだ」と喜ぶ。次は、イケメン役者に惚れて思い詰めた娘が役者の家に駆け込むのがうらやましく、近所のおえんという評判の芸者に50両払って駆け込ませた。

おえん「こちらの艶次郎さんを、植木の影から見初めました。女房になれないなら死ぬ覚悟でございます」

番頭「これ、家を間違えたんじゃないのかね」

艶次郎「もう10両やるから、隣近所に聞こえるように、もっと大きな声で頼む」

一向に近所の噂にならないから、今度は読売を頼み、金を払って江戸中に売らせる。さらに、吉原で修羅場をやってみたいと、志庵に頼み浮名《うきな》という遊女を相手に間男《まおとこ》(愛人)ごっこをする。志庵も馬鹿らしいと思うが、金が入るので付き合っている。

艶次郎は、今度は「金があるからいかんのだ」と考え、期限付きの勘当をされてみた。ところが母親が仕送りをしてくるので何の苦労もなく勘当週間が終わってしまう。「ならば心中だ」と、以前話に乗ってくれた浮名を、「心中ごっこ」をするために身請けした。ただ身請けするのも芸がないから二階から「駆け落ち」する。「お危のうございます、お静かにお逃げなさいませ」「花魁、ごきげんよう、お駆け落ちなさいませ」と見送られ、三囲神社へ。夜になると暗くて怖いので、夕方あたりに出かけた。さあ、脇差しを抜いて南無阿弥陀仏と唱えると、泥棒が飛び出して「俺たちが介錯《かいしゃく》(切腹する人の首を切り落とすこと)してやろう」。艶次郎は驚いて「死ぬつもりの心中じゃないんだ、命だけはお助け」「もうこれからはこんなことしないか」「これで懲りないはずはありません」。

泥棒は番頭達の拵《こしら》え事(作り事)。面倒を起こす若旦那を懲らしめたというわけだ。それから艶次郎は浮名と本当の夫婦となり、身代に不足はなく、末は大いに繁昌した。

末永く幸せになる秘訣

金を使って「やっぱ俺ってモテるかも」と幸せそうで何よりな艶次郎。金を払って流した噂を「馬鹿なことさ」と近所の娘達が聞く耳を持たなくても、「モテる男はいつでも話題になって大変だなあ」となり、金で雇ったヤキモチを焼く妾役《めかけ》にセリフを言わせて「生まれて初めてヤキモチをやかれてみた。良い心持ちだ」と感動している。

全く空気を読めていないし、モテを金で買う。粋で通を気取っている喜之介からみたら、「だからお前さんはいつまで経っても野暮で半可通なんだ」と言いたくなるだろう（優しいんだか楽しんでるんだかでアドバイスはしているが）。

しかし、艶次郎は懲りないし、楽しそうだ。「いやあ、モテる男はつらいよ」「やっぱり俺って、本当は格好いいんじゃないかな」と、めちゃくちゃ自己肯定感が高い。そして、艶次郎の馬鹿馬鹿しい遊びにきちんと付き合うあたり、女達もどこか一緒に楽しんでいるようにも見える。

中でもこの物語のヒロイン（？）である浮名はすごい。「心中ごっこがしたい」というだけで、身請けされてやる。駆け落ちごっこまで乗ってやる。優しすぎる。いくら金のためとはいえ、そこまで付き合ってやれるものなのか。金持ちなら野暮でも顔がよろしくなくても良いのか。

ところが、艶次郎はただの野暮でも空気を読めないわけでもなかった。

泥棒のふりをした番頭らに身ぐるみ剥がされてしまった艶次郎と浮名は、ふんどし一丁と腰巻き一枚の姿で三囲神社から寒空の下、ほぼ半裸で帰途につく。

「俺はほんの酔狂《すいきょう》（ものずき）でしたことだから仕方がないけど、お前はさぞ寒かろう」

「ホント、巻き添えの迷惑ってやつさェ」

あの艶次郎が浮名を気遣っている。浮名の方も、心なしか楽しそうに見える。そして、挿絵を見てほしい。傘を二人で持つ手と手。これが着物を身につけている図なら、艶次郎が金を払ってでもかなえたい、相合傘で道行きの二人の図ではないか。しかも、この道行きだけはあっという間に世間の噂になり、団扇《うちわ》の絵に描かれて売り出された。

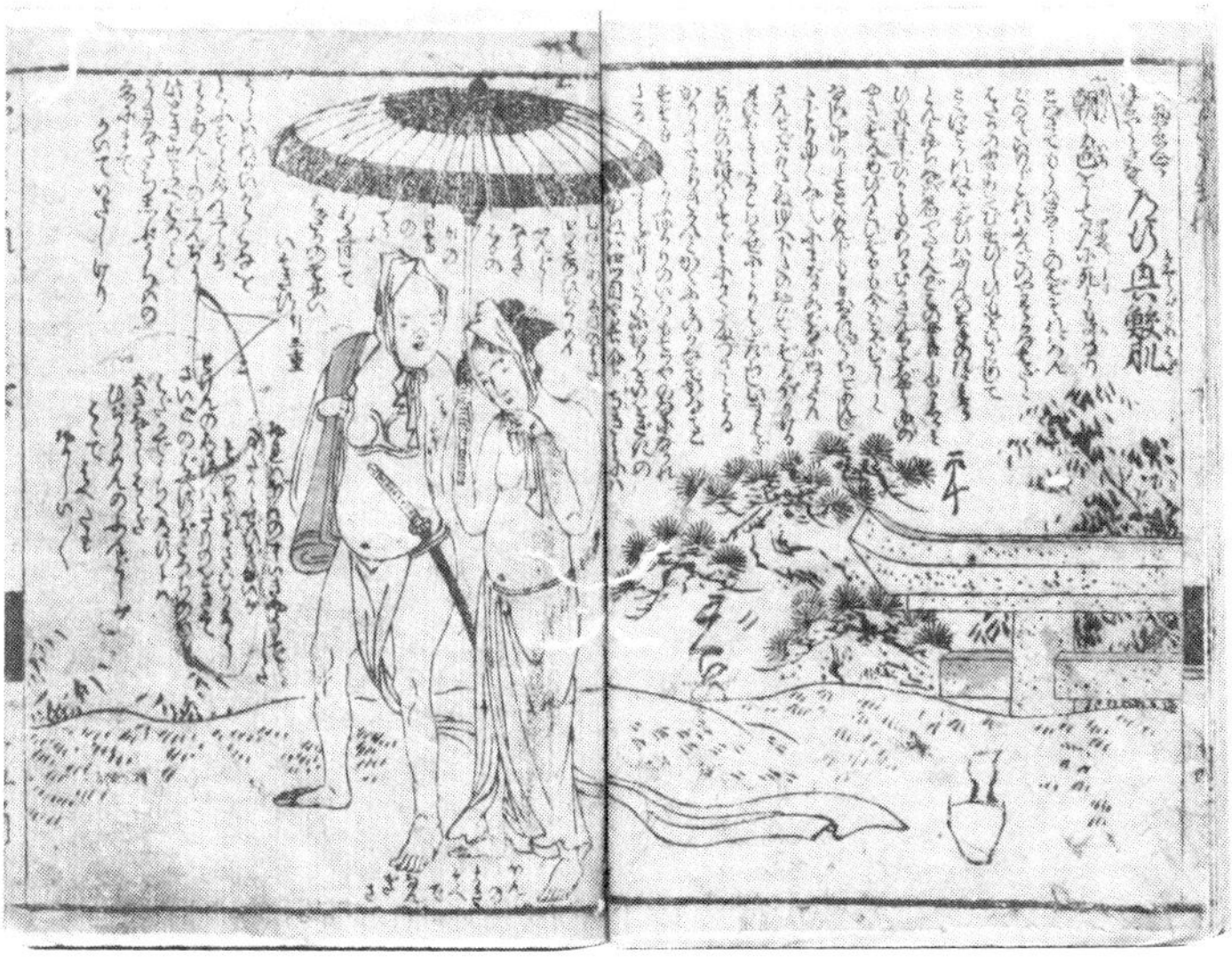

山東京伝『江戸生艶気樺焼』より｜出典：国立国会図書館デジタルコレクション

〽相合傘に書いた文字　見てはほころぶ片えくぼ

今がこの時なのに、ひとつも気付かず「寒いだろう」と声をかける艶次郎。素に戻ったとき、その人間の本質が出る。逃げてしまえば良いのに、艶次郎が持つ傘に手を添える浮名は、艶次郎のそういう人間味が、可笑しくて愛しかったのではないか。

その後、浮名は艶次郎の男ぶりが悪いのは仕方なしと諦め、とはいえ他の男の元に行く気も起こらず、めでたく夫婦として収まる。艶次郎も、金で雇った妾を「ここでヤキモチを焼かれては困るから、雇った妾を返しましょう」と、浮かれたことを言っているが、喜之介のように他に女を作ることもなさそうだ。

ブサメンで野暮な男の代表・艶次郎。しかし、内面は喜之介よりもずっといい男じゃないか。しかも、その自己肯定感の高ささえあれば、きっとこの先、自分も幸せであろうし、浮名も幸せに楽しく暮らしていくだろう。

野暮だろうと何だろうと、自分と大切な人を楽しくハッピーにできるのなら、その人は格好いい。それで良いのだ。

吉原研修が効かない！野暮な馬琴の取扱説明書

武士の名を捨て戯作者を目指す

恐らく、重三郎にとって扱いにくい作家の筆頭が曲亭馬琴だったのではないか。喜多川歌麿、馬琴、十返舎一九など、重三郎が食客として面倒を見ながら、無名から有名へとプロデュースした作家は多く、馬琴もその一人なのだが、馬琴はその性格故、また重三郎の成功法則故に、有り体に言えば合わなかったと思われる。

馬琴とセットで語られることが多いクリエイターに葛飾北斎《かつしかほくさい》がいるが、実は重三郎との接点は少ない。いくつかの挿絵や摺物《すりもの》を、重三郎を版元として出してはいるが、京伝や馬琴ほど密接ではなかったようだ。北斎については後述する。

さて、曲亭馬琴は『椿説弓張月《ちんせつゆみはりづき》』『南総里見八犬伝《なんそうさとみはっけんでん》』を代表作とする、江戸後期を代表する読本作家だ。重三郎の耕書堂で、番頭として働きながら黄表紙などを執筆したが、程なく下駄屋の婿養子となる。読本作家として一躍有名になったのは重三郎が没した後で、北斎とのコンビでヒットを飛ばした『椿説弓張月』は文化4（1807）年である。

馬琴が戯作者を志し、山東京伝の門を叩いたのは、寛政2（1790）年の事だった。京伝は弟子を取らない考えだったが、まあまあ骨のある奴と見込んだのだろう、飯を食わせて（酒はいらないと断った）「弟子としてではなく、同じ戯作者仲間としてならたまに書いたものを見せに来てもよい」と伝えたら、「では師匠と呼ばせていただきます」と言って、毎日京伝宅に通い始めた。我が道を行く馬琴。

寛政3（1791）年、「京伝門人大栄山人《きょうでんもんじんだいえいさんじん》」の名義で黄表紙『尽用而二分狂言《つかいはたしてにぶきょうげん》』でデビューを飾るが、何か考えるところがあったのか、「神奈川に言って占い師になります」と言って馬琴は旅に出てしまった。

2、3ヶ月して戻ってみると、深川の馬琴の家は洪水で流されていた。寝起きするところがないので京伝の家に行くと、京伝は洒落本の咎めで手鎖の刑になっている。京伝の方も、弟子が（認めてはいないが）家が流されたと戻ってきて、無下に帰れとも言えない。加えて自分も手鎖で執筆できない。仕方がないので、馬琴を食客とした。重三郎はこれ幸いに、馬琴に『実語教幼稚講釈《じつごきょうようちこうしゃく》』を書かせる。京伝の代作で、挿絵は葛飾北斎（当時は勝川春朗）だ。重三郎がそのつもりがあったかはわからないが、馬琴&北斎のバディもここに誕生した。

馬琴は空気を読めないし、読もうともしない。ちょうどこの時、京伝と菊園の夫婦はまだ新婚生活の真っ只中。というわけで、京伝の勧めもあり、重三郎の耕書堂で番頭（手代）として働くこととなった。重三郎としては、武家の戯作者が全滅の人材不足の中、書ける手はいくらでも欲しかった。馬琴には、「執筆を優先させる働き方」を提案し、馬琴としても「戯作が書けるのならば」ということで、重三郎の食客となった。寛政４（１７９２）年のことである。

ところが、馬琴が書きたいものは剛健な勧善懲悪ものの読本。ナンセンスな笑いの黄表紙や男女の色事の洒落本ではなかった。そして、馬琴は「武士が商人に雇われる」ことを恥と考えていた。武士の名を捨て「瑣吉《さきち》」としたのもその理由だ。

こうしたプライドの高さなので、重三郎はどうにも扱いづらかったらしい。蔦重流吉原研修が効かないのだ。何せ「洒落本は教育によろしくない」という堅物で、酒も女も興味なし。吉原でめきめきとその才能を伸ばした喜多川歌麿とは真逆である。

これまで武士作家と交流してきた重三郎だが、朋誠堂喜三二に恋川春町、大田南畝と、みな吉原に通じており、洒落がわかるクリエイターたちだ。接待すればそれだけヒット作になって返ってくる。重三郎にとって馬琴は「どうすりゃよいのか」ではなかっただろうか。

寛政5（1793）年、馬琴は重三郎と京伝に勧められ、履物屋「伊勢屋」の婿養子となった。重三郎が馬琴にしてやれることは、「執筆時間の確保」であったのだろう。

大衆の洒落を学ぶための黄表紙

重三郎や京伝らが書いてきた「野暮」がそっくりそのまま当てはまる新人作家・馬

琴。洒落も滑稽もわからず、何かあれば儒教や中国文学に見立てて説教を垂れてくる。『明烏（落語）』の時次郎と同じ部類の人物だ。

しかし、重三郎は馬琴について匙を投げたわけではなかった。馬琴には馬琴の良さがある。それは、この「寛政の改革」である今だからこそ光る長所だ。

重三郎は黄表紙を堅物馬琴に書かせた。洒落や滑稽、見立てで読ませる黄表紙は、馬琴の最も苦手とする分野だ。そこを敢えての黄表紙。実は、馬琴でなければ書けない黄表紙の需要が高まっていたのである。

寛政の改革で、社会風刺や廓を舞台にする色事、不適切な表現が描かれる黄表紙や洒落本は御法度となった。恋川春町を亡くし、京伝に「筆を折る」とまで言わせ、且つ自分も身上半減の咎めに遭い、さすがの重三郎も用心せざるを得ない。歌麿の美人画で浮世絵出版が主になっていたのも、そうした事情があった。

とはいえ、本を出さずに書肆（本屋）とはいえぬ。そこで目を付けたのが、教訓を分かりやすく物語にして説く「草双紙」だった。内容を孝行話や勧善懲悪、道徳などに変えた、絵本仕立ての黄表紙である。

これなら馬琴の得意とするところだ。馬琴が戯作者を目指したひとつに、儒学や国学、歴史、中国文学など自身の知識を役立てたいという思いがあった。

後述するが、既に心学の本については山東京伝が『心学早染草《しんがくはやそめぐさ》』というヒット作を出していた。しかし、これまで滑稽や洒落を書いてきた京伝にとって、教訓本は京伝の良さを活かし切れない。書きたい内容でもなかろう。馬琴なら、それができるのだ。

ただし、商業出版なら消費者にうける本でなければならない。売れなければ耕書堂の儲けは出ず、馬琴の名も上がらない。

だからこその黄表紙であった。いくら好みではないとしても、滑稽や洒落がわからないでは、戯作者は務まらない。この先読本に転向するとしても、馬琴が書くのは大衆文学だ。

であれば、大衆に寄り添うことを考えねばならぬ。「人情を知る」「世情を読む」ことが重要だ。重三郎は、いくつも黄表紙を書かせた。噺本、絵本、浄瑠璃にも挑戦させた。多くは勧善懲悪や水滸伝《すいこでん》（明王朝の中国で書かれた長編型の自話小説）を取材したもので、教訓ぽさが前面に出ているものの、学びもエンタメ化させている町人達に意外と受け入れられていたようだ。馬琴の野暮な理屈っぽさも、大衆の知的好奇心をくすぐった。

寛政8（1796）年、ついに馬琴は重三郎を版元として読本『高尾船字文《たかおせんじもん》』を出版した。『水滸伝』を『伽羅先代萩《めいぼくせんだいはぎ》』の世界に付会した中本型読本で、歌舞伎を題材に使うなど、あの馬琴が大衆に寄り添っている。なにより、大衆エンタメの親方である歌舞伎と伝奇物語（上代や中国から伝わった話を題材に、空想的な出来事を認めた物語）の水滸伝を綯《な》い交ぜる趣向は斬新で、重三郎もこの企画ならとGOサインを出した。

結果は、馬琴が本気を出して語る水滸伝は江戸の庶民達には早過ぎたこともあり、馬琴も後に「世間に受け入れられたとは言いがたい」と、珍しく自省している。しかし、この重三郎と馬琴が世に問いた新しいタイプの読本が、その後の読本ブームの嚆《こう》矢《し》（物事の始まり）となったことは間違いない。そして、かつて師であった京伝とライバルの関係になるという、熱い展開が始まるのだ。

しかし、その青年誌のようなドラマを見ることなく、翌年、重三郎は逝く。最期の年に出た吉原細見の序文は、「廓《くるわ》で誠《まこと》（遊郭で真面目に遊女に尽くしてしまう野暮な男）※」の野暮な馬琴が書いている。

※「曲亭馬琴」は「くるわでまこと」とも読めるため、「廓で誠」をもじった、洒落たペンネームではないかとの説がある。馬琴が洒落たとは思えないが、もし本当ならなかなかの策士である。

粋な京伝が書いた世界一説得力がない道徳本

煙草小物店開業で筆を折る決意

寛政の改革は武家の戯作者を引退に追い込み、江戸の戯作は京伝の肩にのしかかってきた。蔦屋重三郎と鶴屋喜右衛門は京伝に原稿料を払うことで、京伝の独占にかかる。しかし、天明9（1789）年には京伝が描いた黄表紙の挿絵が過料処分となった。

京伝は前年に菊園と所帯を持ったばかりで、さらに馬琴が押しかけてくる。疲れかけた京伝は、「ちょっと潮時かな」と重三郎らに引退を申し出た。

重三郎も鶴屋も引退を許さなかった。作家不足の折、どこの版元も頼みの綱は庶民の作家。重三郎に拝み倒され、京伝は『箱入娘面屋人魚《はこいりむすめめんやにんぎょ》』を書く。御伽噺《おとぎばなし》の浦島太郎に取材した話で、これだけ聞けば「子供向けの道徳本か」と思いきや、のっけから浦島太郎が乙姫と恋人同士で、しかも鯉の遊女と浮気している。大いに処分を受けそうな内容だ。

この本の序文で重三郎が「まじめなる口上」と題して、「筆を折ると宣言した京伝先生にやっと書いてもらった本だから、どうかみんな読んでくださいこれからも何卒」と言っている。やっと書いてもらった本の内容が不適切極まりないのだから、京伝も重三郎もまだ事の深刻さを甘く見ていたかもしれなかった。

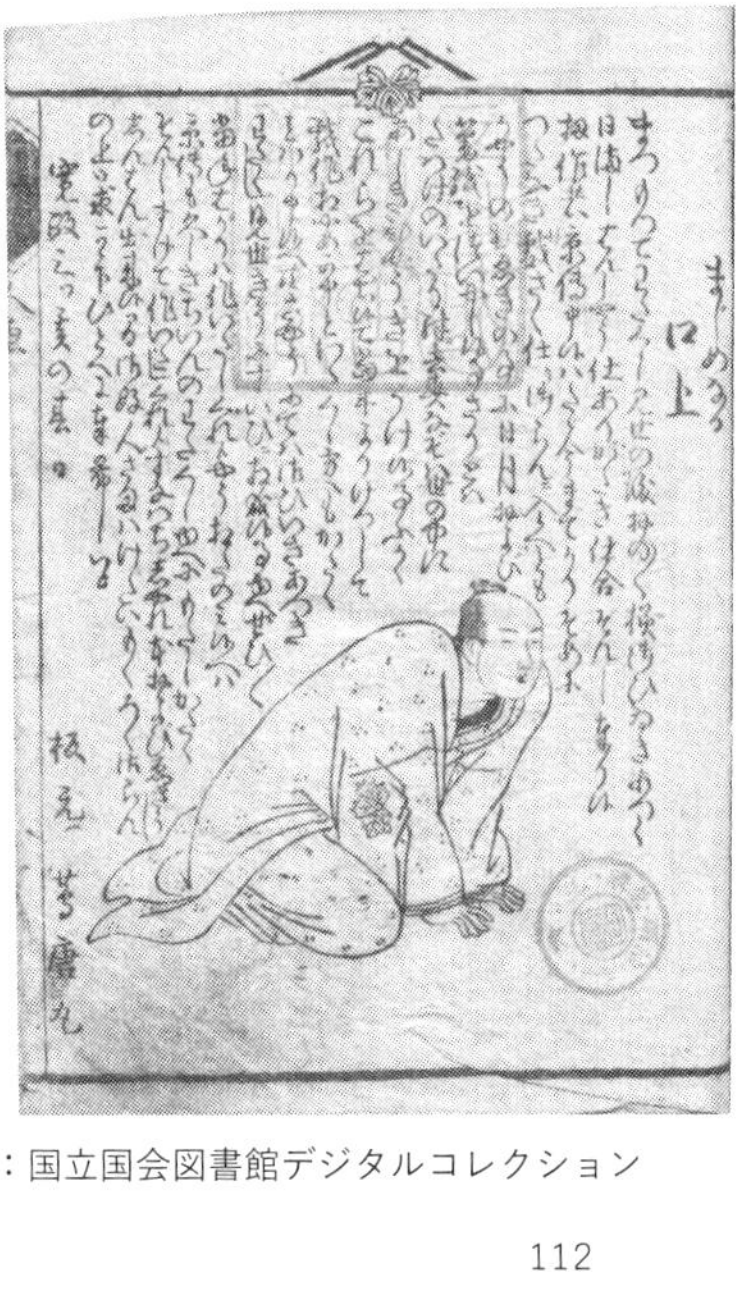
山東京伝『箱入娘面屋人魚』より｜出典：国立国会図書館デジタルコレクション

ところが、寛政３（１７９１）年に洒落本『仕懸文庫《しかけぶんこ》』『娼妓絹籭《しょうぎきぬぶるい》』『錦の裏』が筆禍となり、京伝は手鎖50日の処分を受けてしまう。重三郎も版元として身上半減となった。

二度の処分を受け、さすがの京伝も「このご時世では自分の作品は不適切となる」と考える。これまで、粋で通で、洒落て穿って、それが世間にもてはやされてきた。ところが、今じゃすっかり御法度だ。改革によってひっくり返った価値観に、京伝は挫けた。

「もう、書くのはよそう。世の中の代弁をしているなどと、いい気になってしまった」

こうしたときに、馬琴が「家が流されました」と帰ってきた。彼に代作を頼み、京伝はすっかり引退する気になっていた。


京伝は馬琴を重三郎に頼み（放っておけないところが京伝の人の良さ）、気乗りしない黄表紙をぼちぼち書きつつ、書画会を開催した。今でいうところでグッズ販売有りのサイン会のようなもので、今や江戸随一の売れっ子作家なだけあって、結構に稼げたらしい。

この金を元手に、寛政５（１７９３）年、京橋に喫煙道具の店「京屋伝蔵店《きょうやでんぞう》」をオープン。粋で通な品揃えは、京伝自らデザインした商品も多い。

京伝はいくつかの教養的な黄表紙を既に手がけていた。しかし、洒落と穿ちが売りの黄表紙に、倫理道徳を説く物語を書くなどという野暮は、江戸っ子の京伝にとって屈辱であった。ならば、戯作以外で粋を追求しようと開店したのがこの店だ。

江戸の一等地である京橋は、現在の銀座1丁目。父親に店を任せつつ、作家活動を続けた。京伝は「自分は店を持っていて稿料の他に収入源があるので、版元からの依頼を断ることが出来る」と述べている。

野暮な本を書くくらいなら、自分が監修したデザインの喫煙道具店をやっていた方が良い。京伝なりの、統制に迎合しようとするメディアへの張りであった。

善玉と悪玉キャラクターが大流行

版元たちが「もう書かない」と言う京伝に、無理に執筆を依頼しているのは、作家不足の他にも理由があった。京伝が書いた『心学早染草』の存在だ。

寛政2（1790）年に大和田安兵衛《おおわだやすべえ》を版元として出版された『心学早染草』は、心学講釈の流行に当て込んだ教訓色の強い黄表紙である。人間の心にある善い心と悪い心を、善玉悪玉というキャラクターで表現した。

松平定信の文武奨励は、実のところ庶民達にも影響を与えていた。教育が大衆にも開かれたことで、大人向けの学問所ができ、中でも京都の石田梅岩《いしだばいがん》が唱えた実践道徳の心学が、なぜか流行し始めたのだ。

江戸の人々はメディアが統制されていく中、押しつけられた政策でさえもエンタメに変えていたのだ。大衆エンタメの逞しさよ。

『ゲゲゲの鬼太郎』に登場する目玉

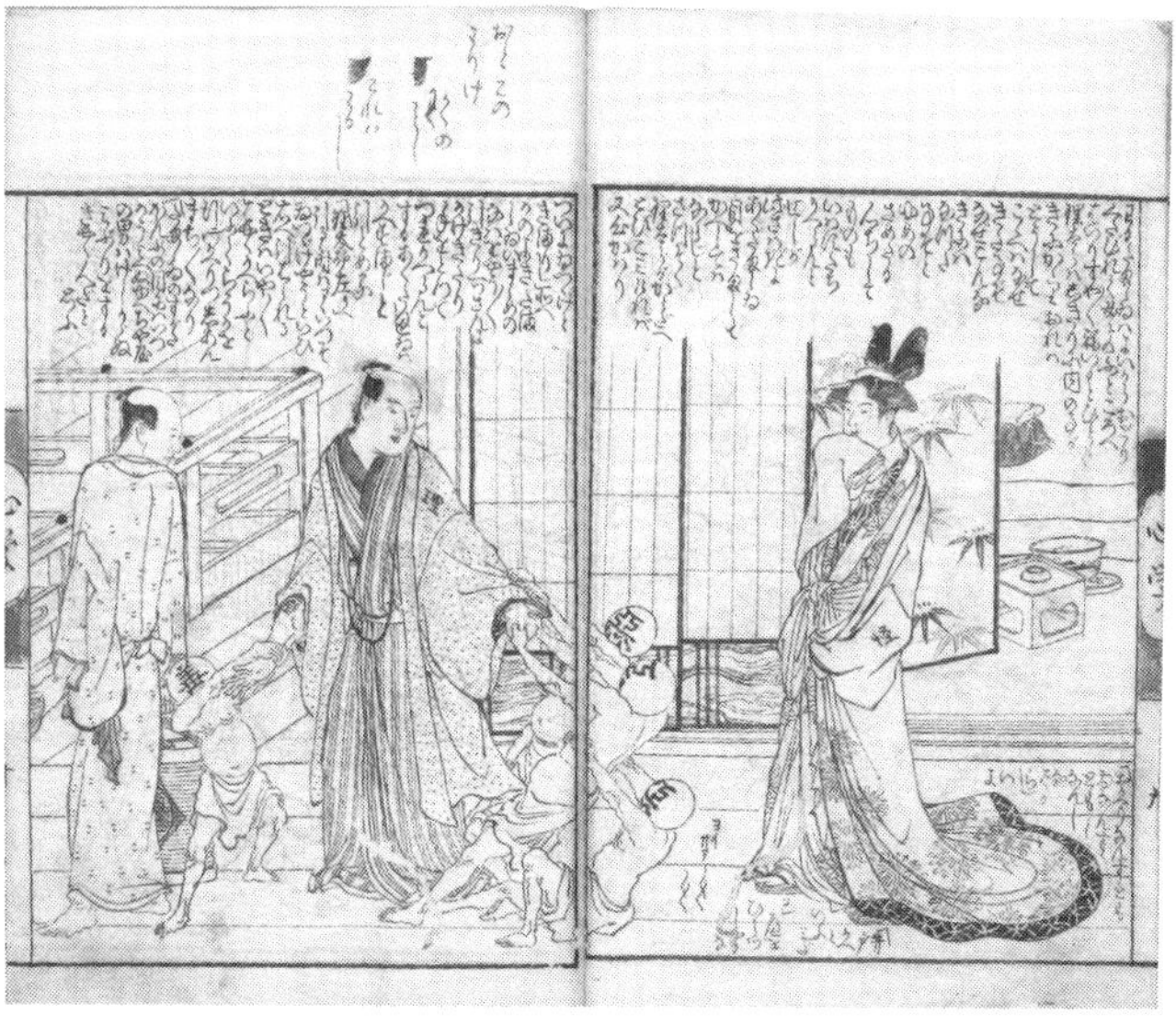

山東京伝『心学早染草』より｜出典：東京都立中央図書館

おやじのような善玉悪玉は、大いに評判を呼んだ。本は飛ぶように売れ、同じ「心学もの」の本があちこちで書かれた。当時の日本に著作権はない。

当然、重三郎もこの流行を逃すはずがなく、市場通笑《いちばつうしょう》に心学を題材にした『即席耳《そくせきみみ》学問《がくもん》』を依頼する。さらに金の力で『心学早染草』の版木を買い取った。京伝に「心学早染草」の続編『人間一生胸算用《にんげんいっしょうむなざんよう》』を書かせ、これが好評につき『堪忍袋緒〆善玉《かんにんぶくろおじめのぜんだま》』も依頼した。

「先の2冊はえらい評判。この調子で3段目行きましょう」

「いやもう、二番煎じならぬ三番煎じじゃ世間も飽きてるだろうし、俺も飽きたからもう書けない」

「そんなこと言って先生、世間の評判がまだまだ高いのを知らないんですかィ。大丈夫、まだまだ行ける。先生ならいける」

といったようなやり取りがあったらしく、『堪忍袋緒〆善玉』の冒頭で京伝がぼやいている。

京伝がぼやくのも当然で、これまで散々R18とまではいかなくてもR15程度の廓を舞台にした男女のあれこれを洒落本に書いておいて、「廓遊びなどをしてはなりません」と、どの口が言うのかという思いが、京伝にもあっただろう。

市場通笑は、『即席耳学問』の序文で、「礼の教訓異見のうっとうしいも随分承知之助と版元のほうからしゃれかけるを、どっこいそこを虎の皮千里も走る大ぼやむきの趣向にせず、意地にかかってしゃつきばり」と述べている。

重三郎は、心学黄表紙を「うっとうしい」、つまり野暮を承知の上で出した。吉原出自の耕書堂が心学を説くこと自体が、洒落だというのだ。


京伝はその洒落に乗り切れず、野暮になりきることも出来ずに、教訓黄表紙の執筆を続けるも、独自の粋な穿ちは終《つい》ぞ見ることはなかった。京伝美学の戯作への投影は、寛政11（1799）年の読本『忠臣水滸伝《ちゅうしんすいこでん》』まで待たねばならない。

蔦屋版心学シリーズの4作目『四遍摺心学草帋《しへんずりしんがくそうし》』は、馬琴が書いた。馬琴にとって教訓本は何の苦もなかったようで、後に「この頃耕書堂の主人、余にその四遍を求む」と誇らしげに記している。

4章

意地と張りの作法

媚びない生き方が江戸っ子の誇り

吉原遊女の「張り」は最強ブランド

京の女郎に江戸吉原の張りをもたせ、
長崎丸山の衣裳を着せて、
大坂新町の揚屋で遊びたい

これは、大阪新町の遊郭ガイドブックである『大坂新町細見之図《おほさかしんまちさいけんのづ》 澪標《みをづくし》』に書かれていた口上だ。日本各地の花街の長所と特色を述べている。京都の花街は島原で、この遊女はとにかく美人。吉原では意地と張りが良く、長崎の丸山では豪華な衣装が見どころで、大坂新町は遊んでいて面白い。吉原遊女の粋と張りは、全国区のブランドだった。「張り」は「粋」とセットであり、優柔不断な粋はいないのである。

では「張り」とは何かというと、「意地っ張り」という言葉があるとおり、「意気地」「意地」を貫き通すことをいう。これが「業突張り《ごうつくば》」となると、欲張りで強情という意味になってしまい、「業」が付いては粋ではない。そこは「意気地」を「張る」でなければならず、「粋」を貫くのが「張り」なのだ。

江戸っ子の張りの逸話として深川の米蝶の話をしたが、吉原にもある。天明の頃、扇屋の花魁・司《つかさ》の逸話だ。

吉原では、一度馴染みになった花魁の他に、馴染みを作ってはならない決まりである。これは、「馴染み」とは偽装夫婦のようなものであり、他の遊女と馴染んでは「浮気」となるからだ（なので、『通言総籬』の喜之介はけしからんどころか、吉原に取ってみればしきたりを破る野暮な男となる）。もし、どうしても他の遊女に乗り換える場合は「切れ状」という文書を渡さねばならなかった。

ある客が扇屋の司の馴染みとなり半年ほど通っていたが、よその遊女に目移りしてしまった。本来なら切れ状を出さねばならないが、そんな野暮なことをして噂になっても困る。そこで手切れ金として百両包み、いざ司と床入りというときに、その包みを司に渡した。

司はその包みを見て悟り、客に言った。「今からあなたを外に突き出します。どこにでもお行きになってください。ただ、司は金で余所の遊女に客を売ったなどと言われるのはまっぴらごめんです。どうぞ、これはお持ち帰りください」と、百両を突き返した。

吉原遊女は媚びない。「別れる」という客に縋《すが》ることなど絶対にしない。金で動くこともない。何だったら追い出すし、たたき返す。扇屋と言えば、重三郎と吉原連で組んでいた宇右衛門が楼主《ろうしゅ》（妓楼の主人）であり、十八大通の文化人。そんな扇屋の花魁なら、馴染みだった客は、どこぞの豪商か大名クラスの武士だったかもしれない。

それがどうした。権力や金にも動じることなく、己の信念を突き通す。それが吉原の「張り」だ。客は突き返された金を引っ込め、すごすごと夜の吉原を一人で歩かねばならない。その足で、乗り換えた遊女の元に行けやしないだろう。

そして、これを「客に恥をかかせてとんでもない。こっちは金を払ってるんだぞ」ではなく、「いいねィ！　さすがは扇屋の花魁だ」と喜ぶのが江戸っ子だ。前者は令和の世のSNSでよく見るし、たまにどっかの業界人がやらかしている。

張りを通した重三郎の人生

蔦屋重三郎を語る上で「粋」「張り」「男気」は必須項目だが、人生通して蔦重を作っていたのは「張り」ではないか。

信念を貫くという「張り」があったから、「男気」や「伊達」を発揮せねばならず、その結果として「粋」が出る。重三郎の結果は、出版物でありプロデュースしたクリエイターたちで、そのクリエイターが産み出した作品だ。彼の人生はこれらを通して語られ、多くの作品に「耕書堂」「蔦屋重三郎」の名が作者と共に記されている。

吉原で生まれ育った重三郎にとって「張り」は、生きる術であった。「粋だ」「通だ」だけでは、腹は膨れない。張りを以て突き抜けていかねば、吉原の小さいポッと出の貸本屋兼書店が、並み居る江戸の地本や書物の大店と渡り合えるはずもなく、ましてや周りが一流の老舗版元が集まる日本橋通油町に店など構えられない。

金や権力を振りかざすのは野暮で、信念に合わないのなら金を突き返すのが江戸の張り。商人である重三郎は、稼ぎを出さねばならない。では、重三郎は何に対して

「張り」を貫いたのか。

それは、「大衆エンタメ」ではなかったか。


大田南畝は黄表紙の評判記『菊寿草《きくじゅそう》』で、蔦重版の喜三二作品『見徳一炊夢《みるがとくいっすいのゆめ》』を関東の極上々吉に位を付けた。黄表紙出版を始めたばかりの耕書堂に、最高ランクをつけたのだ。その細評には
通油組「なんた外に版元もない様につた屋を巻頭とは」

ひいき「くそをくらえ大門にはいった事はないか細見は目に見えぬか」

とある。通油組とは老舗大型出版社で、ひいきとは江戸っ子庶民と吉原連だろう。吉原は日本中の粋が集まり、華やかで贅沢で、豪商や大名、文化人達のサロンの役割もあったが、一方で「苦海《くかい》」と呼ばれていた。遊女達が借金を返すために体を売り、遊女を束ねる妓楼の主人は「忘八《ぼうはち》」と呼ばれた。人としての八つの徳目を失った者という意味だ。底辺であり、地獄であった。

その吉原から這い上がり、鱗形屋が傾いたと見るや吉原細見と作家達をかっさらい、一気に独立した重三郎は、「機を見るに敏」と言えば聞こえは良いが、「成り上がり」

と言われても仕方がなかろう。生き馬の目を抜くと言われる江戸で、重三郎が日の当たる場所に出る方法は、賭けに「張る」しかなかったのだ。

しかし、そこが江戸っ子達には「粋」に見えた。吉原を背負いメディアに現れ、大手出版社を相手に斬新な趣向で名を上げていく。重三郎が演じる下剋上の物語に、江戸っ子達は惹かれ、やがて「蔦重の本が社会を変える」「蔦重が江戸庶民のエンタメを守り抜いてくれる」という期待に変わる。

重三郎は大衆の期待を一身に背負い、多くの版元が処分を避けようと尻込みする中、統制を進める幕府を風刺した『文武二道万石通《ぶんぶにどうまんごくどおし》』『鸚鵡返文武二道《おうむがえしぶんぶのふたみち》』を刊行する。待ってましたと江戸中の者達がこの本を求め、馬琴は「前代未聞の売れ行き」だったと後に記録している。

しかし、朋誠堂喜三二は筆を折り、恋川春町は命を絶った。大田南畝は去り、京伝までもが屈しようとしていた。

それでも、重三郎は止まらなかった。大衆エンタメとメディアの意地を守るために、張りを通したのである。

蔦重と歌麿が権力に仕掛けた驚愕の喧嘩

統制に喧嘩で返す男たち

2015年、日本で初めて開催された展覧会があった。東京・永青文庫の「春画展」だ。20万人以上の来館者があり、大きな話題となった。当然R18である。
春画とは、性的な行為を描いた絵をいう。江戸時代には多くの浮世絵師が手がけ、内容もあれなので別名を用いることもあった。葛飾北斎が春画を描く際の画号「鉄棒ぬらぬら」は有名である（ペンネームの意味とは）。因みに北斎の幼名というか本名の一つに「鉄蔵」がある。

現代社会において春画は「エロ」であり、春画展の案内YouTubeは「規約違反」とされてしまうが、もともとは平安期から有名絵師が手がけたもので、室町時代になると輸入品の扇子に描かれたり、災難よけのお守りにもなった。商人は火事を除けるために蔵に置いたという（濡れ場だけに）。武士は勝利のお守りとして持ち歩いたらしい。幽霊が出たときにエロいことを考えると悪霊退散するというあれか。

江戸時代になると、井原西鶴の『好色一代男』など好色物や浮世草子が流行し、春画の需要も高まった。錦絵（木版多色刷りの浮世絵）が出て安価に大量生産できるようになると、それまで上流階級向けの春画が、一気に庶民層に広まった。春画はエロだけではなく、そこには人間の営みがあり、情があり、願いがあったのだ。

海外では、その官能的で独特な表現が芸術作品として評価されていた。19世紀のフランスの作家、エドモン・ド・ゴンクールは春画について「肉欲の動物的な営みの熱中の中にあって、人間存在の滋味豊かな精神集中、心穏やかな自己沈潜のようなものが見られる（中略）宗教画にすら見えるほどの愛の行為」と絶賛するほどで、日本の春画はあの大英博物館にも所蔵されているのである。

大英博物館が「秘密」とした春画コレクションのひとつに『歌まくら』がある。永青文庫の展覧会でも、大きな評判を呼んだ有名な春画だ。
これを企画し、描いたのが、蔦屋重三郎と喜多川歌麿であった。

春画はこっそりと売られるもので、この『歌まくら』も店頭に平積みなどされない。ただ、贔屓客が来た際に「良いのが入りました」とこっそり耳打ちしたかもしれない。もしくは、従来のように大家の殿様や大店の商人からの依頼だったのかもしれない。しかし、『歌まくら』の場合、出した時期から、重三郎と歌麿がどういう意図による出版だったのかを推し量ることができる。

春画が出たのは天明8（1788）年だとされる。この年、朋誠堂喜三二の『文武二道万石通』が弾圧された。次の年には恋川春町が疑惑の死を遂げるきっかけとなったであろう『鸚鵡返文武二道』が出版される。『文武二道万石通』の続編とすることが決まっていたであろうと考えられている。

黄表紙『文武二道万石通』は、物語の主人公を源頼朝《みなもとのよりとも》と重臣の畠山重忠《はたけやましげただ》としているが、武士の文武振り分けや、何もしない武士「ぬらくら」が説教されるなど、どう見ても寛政の改革を風刺したものである。頼朝を将軍徳川家斉《いえなり》、畠山を松平定信だと、誰が見てもわかった。これが前代未聞に売れて、幕府の目に付くところとなったのだ。統制の中、どこの出版社も沈黙を強いられていた。重三郎は、そこに『文武二道万石通』『鸚鵡返文武二道』、そして『歌まくら』で殴り込んだ。もちろん相手は、「寛政の改革」の親方、松平定信である。

エロコンテンツ取り扱いに慎重になる役人達

社会風刺はもちろん、洒落本や関係ない滑稽本まで統制の対象となる中で、男女の性愛を描いた春画など、こっそり出すとはいえ武士だって役人だって、お守りと称して見る機会はある。前代未聞だ。版元たちは度肝を抜かれただろう。しかし、江戸っ子達は「さすが蔦重、やりやがった！」と快哉《かいさい》を叫んだはずだ。

前述の喜多川歌麿の『歌まくら』の一枚は、恐らく春画で最も有名な絵だ。歌麿が得意である人物に寄ったレイアウトで、女のほうはこちらに背を向けている。

春画にありがちな交わる局部を描くことはなく、出ているのは女の臀部《でんぶ》の一部で、男に至っては顔の一部と扇子を持つ着衣の体しか見えない。どこかの武士が呼び出した芸者とそういうことになったのか、それとも商家の若旦那が内緒の恋のひとときを楽しんでいるのか。場所は茶屋か、それともお忍びで船宿か。はっきりしたことはわからず、想像を掻き立てる。

しかし、この絵を見たときに真っ先に目に付くのは、女と接吻を交わす男の視線だ。薄目は冷静に、こちらを見てくる。まるで絵師を見つめるように、或いはこの絵を見ている者を見透かすように。

前述したとおり、松平定信は「自分は性欲など持たない聖人君主である」ことを自慢にしていた。実際、性行為は子孫を作るために行うけれども情欲が湧いたことはないと言い切っていたという。そんな禁欲家からしてみたら、洒落本など堕落を指南するとんでもないもので、世の中を惑わすものなのだろう。春画など、日本を沈没させるものくらいに考えていたかもしれない。

ならば駆逐するべし。それが定信の正義であった。

重三郎と歌麿は、そんな定信に春画を突きつける。

「お前さんの正義とやらの後ろにある、本音を言ってみな」

もし定信なり、役人なりがこの春画に対して処分を下そうとしたなら、市場に出ないものをどこでどうやって見たのか知ったのか、という話になる。求めなければ見ることができないからだ。「あいつ、耕書堂に行って、艶本を出してもらったらしいぜ」と噂になり、チクリ日誌「よしの冊子」に書かれてしまう。由々しきことだ。

役人はこの『歌まくら』を見るだろう。しかし、ツッコまれては困るので口を出せない。よって処分できない。

重三郎と歌麿は、そこまで読んで、大衆の舞台から舌を出したのだ。

「これが俺の絵だ」リアルを追求し続けた画狂人・北斎

役者絵でデビューするも役者絵の筆を折る

世界的な浮世絵師・葛飾北斎は、馬琴と同世代で、コンビを組んでいたこともあり、重三郎がプロデュースした作家と思われがちだ。

しかし、北斎は重三郎とそれほど密な関係ではなく、浮世絵師としての重三郎の関心は歌麿や写楽に注がれた。北斎の方も、重三郎を版元とする仕事は目立つものではなく、いくつかの役者絵と、黄表紙や狂歌本の挿絵を描いており、版元を重三郎にこだわってはいない。

ただ、重三郎が北斎に依頼した挿絵は、山東京伝や曲亭馬琴、唐来参和《とうらいさんな》などの人気作家のものが多く、物語を描く想像力と画力は認めていたのではないだろうか。後に曲亭馬琴の『椿説弓張月《ちんせつゆみはりづき》』の挿絵でブレイクし、北斎&馬琴で文化・文政期（1804〜1830年）の読本ブームを作る未来を、予測していたのかもしれない。

積極的にプロデュースに乗り出さず、歌麿に傾倒していた理由に、馬琴と同様、吉原研修が効かないクリエイターへの苦手意識もあるのだろう。昭和世代が令和世代を飲みに誘うべきか、どうすべきか、みたいに重三郎も悩んだのであろうか（10歳程度しか変わらないのだが）。北斎は酒も煙草もやらない、超甘党だ。

北斎が世にその名を知らしめたのは、重三郎の死後だ。重三郎が活動していた期間は北斎の習作期にあたり、北斎の名を使い始めたのは45歳あたりの『椿説弓張月』を描いた年である。2024年発行の日本銀行券千円紙幣の裏面に採用された「神奈川《かながわ》沖浪裏《おきなみうら》」は北斎が70歳頃の作品で、版元は三代目西村屋与八だ。馬琴もそうなのだが、北斎もまた、遅咲きの天才であった。

勝川春章に入門した北斎は、勝川春朗と号し、20歳ころにデビューする。春朗の名で活動した期間は「春朗時代」と呼ばれ、重三郎と接点があったのもこの春朗期だ。寛政5（1793）年に勝川派から破門されたのか、それとも自ら離脱したのか、画号を「叢春朗《くさむらしゅんろう》」としている。その前年に師である春章が没しており、離脱の理由には、弟子達との折り合いが悪かった、また勝川派なのに狩野派にも師事していた、北尾重政や鳥居清長《とりいきよなが》といった他派の画風を取り入れようとしていたなどの説がある。森羅万象の全てを描こうと、日本画や漢画のみならず西洋画の手法を取り入れ探求した北斎像が、既に現れている。

勝川春章は役者の特徴を掴んだ役者似顔絵の先駆者であり、勝川派といえば役者絵だ。したがって、北斎の処女作は、勝川派らしい役者絵である。習作期には多くの役者絵や相撲絵を描いており、武者絵も描いた。寛政期（１７８９〜１８０１年）に入ってからは、蔦屋重三郎を版元とする芝居絵や役者絵を手がけている。

寛政２（１７９０）年から寛政３（１７９１）年にかけてが特に多い。寛政３年には浄瑠璃本を描いている。ちょうど寛政の改革による出版統制が始まり、黄表紙や洒落本の内容に慎重にならざるを得ず、重三郎としても売り上げを維持するためには安定して売れる、美人画、役者絵、浄瑠璃本を中心にシフトした時期と重なる。

狂歌絵本『潮干のつと』や春画『歌まくら』、女性のバストアップを描いた「美人大首絵」といった、喜多川歌麿を売り出しに重三郎が奔走したのもこの時期だ。いうなれば、北斎の役者絵や浄瑠璃本は、歌麿を売り出すため、或いは転けた時の保険的な役割だったのだ。後に勝川派から破門されようが狩野派から叱られようが己の絵を追求し続けた北斎が、そんな立ち位置に甘んじるはずがない。

実際、寛政4年に入ると重三郎版で美人画はもちろん役者絵もほぼ描かず、勝川派を離脱してからは遠慮なく北斎独自の画風を出すようになった。そして寛政6（1794）年以後、役者絵は一切描かなくなる。

重三郎が喜多川歌麿の美人大首絵を大々的に推すと同時に、北斎は黄表紙の挿絵や摺物（注文によって作られる非売品の版画）にシフトする。歌麿が重三郎を卒業すると同時に北斎はいよいよオリジナル性を開花するも、重三郎との関係性は希薄となり、写楽の役者絵が売り出されると北斎は役者絵から一切足を洗う。

間が悪いのか、それとも重三郎が北斎の才能を見切ったのか。

重三郎の活動期、北斎はまだ才能を開花できず、重三郎のプロデュースも間に合わなかったと言われる。また、北斎の美人画や役者絵の才能は喜多川歌麿や東洲斎写楽に及ばず、重三郎に見いだされなかったとも言われる。

果たして本当にそうだろうか。

役者と美人の力で売れるなんざまっぴらごめん

北斎は重三郎や他の版元に勝川派の様式を踏まえた役者絵を描きつつも、他派のスタイルを果敢に取り入れる、さらに、北斎は一般的な錦絵の様式に飽き足らず、「浮絵」にも意欲的に取り組んでいる。浮絵『一ノ谷合戦坂落之図《いちのたにかっせんさかおとしのず》』や『江都両国橋夕涼《えどりょうごくばしゆうすずみ》花火之図《はなびのず》』はその習作だ。

浮絵とは、西洋の透視遠近法を取り入れ、空間の奥行きを強調した絵をいう。手前の景色が浮き上がって見えることから、こう呼んだ。歌川豊春も浮絵に取り組んでおり、北斎の浮絵には豊春の影響が見えるという。歌川広重の師である歌川豊広は豊春の弟子であり、後に北斎と広重が風景画の重鎮となっていくわけだが、この頃から北斎は自身が描きたいもの、才能を発揮できるものが何か、追求していたことがわかる。風景画もそうだが、北斎が描く画の魅力と特色に「リアル」「ダイナミック」がある。「神奈川沖浪裏」のような自然の脅威、北斎漫画に見る人々の表情と動きは、その一瞬を切り取ったものだ。

しかし、美人画や役者絵は、美しい女性と美しい役者を見るための絵である。歌舞伎がだいたい何となくストーリーが似通っていたり、「そうはならんやろ」という強引な展開は、全て役者をカッコ良く魅せるためだ。美人画と役者絵も同様で、言うなれば推しのブロマイドやポスターなので美人じゃなくてはダメだし、かっこよくなくてはならない。つまり、作家のオリジナル性も個性も要らない。形骸化した美しさが上等であり、「絵を見る者は美人と役者を見ているのであり、絵師の絵を見ているわけではない」のだ。

翻ってこの頃の重三郎は、身上半減の処分を受け、武士作家はいなくなり、京伝は筆を折ると宣言するなど、大きな打撃を受けていた。いくら重三郎が粋で鯔背で男気があったとしても、自分と従業員が食べていくには金がいる。ニーズの逆張りで冒険する余裕はなかった。歌麿の美人大首絵は、「美人画が見たい」というニーズと、歌麿の女性の美しさを引き出す（それが消費者が見たい美人像であったとしても）能力がマッチした結果、大売れできたのだ。

そんな中で、北斎の浮絵や風景画は、絵師の技術としては斬新だが、商品としては地味だった。北斎には勝川派の役者絵という堅実な商品を描かせるのが得策であり、北斎にも画料を払えたのである。

北斎にしてみれば、美人画も役者絵も、美人と役者を見るための絵であり、自分でなくてはならない理由はない。それが売れたところで、自身の腕ではない。描かれた遊女や茶屋娘、役者の力である。

北斎が美人画を描かず、役者絵もピタリと手放したのは、北斎らしい「張り」だ。「誰が描いても同じ」という絵なんざ、どんなに金を積まれたってこっちからお断り。「俺の絵を見ろ！」という気概だったのではないか。

北斎が美人画を解禁したのは番頭の勇助が耕書堂の二代目店主となってからで、美人画中心の狂詩絵本を描いている。名を「宗理《そうり》」と改め、画風は繊細な筆致と淡い色彩でほっそりした美人となり、春朗とも後の北斎とも全く違う。重三郎が欲しかった美人画を重三郎がいない耕書堂で出版したのは、北斎の意趣返しか罪の意識だったか。しかし、この狂詩絵本は豪華な彩色摺であったため発禁処分となってしまった。このため現存数は極めて少ない稀覯書《きこうしょ》となっており、北斎らしいオチだ。

さて、役者絵と言えば東洲斎写楽《とうしゅうさいしゃらく》だ。この絵に北斎は何を感じたのだろうか。写楽が描く役者は、その「悪しき」特徴もリアルに活写している。役を演じる役者ではなく、その役者自身を描くという、北斎が目指すところであるはずだ。

北斎が役者絵を描かなくなったのは、なぜか写楽の登場と合致している。果たして偶然なのだろうか、それとも北斎は写楽に敗北したのか。

この疑惑については、後の章で述べよう。

張りと執着を違えた蔦重の失敗

悦に入る狂歌インスタグラマーと名プロデューサー

重三郎が「狂歌」の会で人脈を広げ、狂歌本で江戸随一の版元にのし上がったことは有名だ。大田南畝や朋誠堂喜三二、恋川春町といった人気作家を総動員した狂歌本は、「パリピたちの作品」として江戸っ子達に注目され、重三郎の耕書堂は「江戸のトレンド」を扱うメディアとなり、重三郎がプロデュースした狂歌本や洒落本を読むことが「通」となった。

重三郎の元に会する彼らは、自分たちがメディアの最先端にある者たちだと自覚があった。恋川春町『吉原大通会《よしわらだいつうえ》』（天明4（1784）年、版元：岩戸屋源八）という黄表紙には、彼らトレンドでパリピなインスタグラマーたちが登場する。その内容たるや、何というかこう、バブル期の業界人がウェイウェイやってそうで（偏見）、共感性羞恥がすごい。

俳名を「すき成」という大通である遊さん次（朋誠堂喜三二）は、島原に行く途中で鳶を助け、その鳶が大通人天通となってすき成を吉原に連れて行く。すき成は菊葉屋のきくん戸に馴染み、大尽《だいじん》遊び（遊里で多くのお金を使って派手に遊興すること）をする。

狂歌の会を催すと、そこには四方赤良《よものあから》（大田南畝）や朱楽菅江《あけらかんこう》、平秩東作《へづつとうさく》など10人の著名な狂歌師たち。しかも皆仮装している。そこに蔦唐丸（蔦屋重三郎）が「皆さんで狂言を書いてください。本に出来ますし」と紙を配る。狂言が出来上がると、古今の名優達がこれに出演。両国で舟遊びをしようと、天通がかるた賭博を勧め、一同がこれに参加しようとすると、ふみ魚大臣（大和屋太郎次で十八大通の一人。文魚と号した）が現れ、天通を懲らしめ、すき成たちを救い出してめでたし。

親友で先輩の喜三二を主人公として、贔屓筋である松葉屋（菊葉屋）を登場させ、大田南畝らを名だたる通人・狂歌師と持ち上げ、重三郎をメディアを動かす業界人として据え、最後に大通の世界を正すヒーロー文魚が来て、エセ通人をやっつける。

なんだこの、内輪だけが楽しい同人誌は。そう感じた人も多いのではないだろうか。あなたの感想は正しい。当時の黄表紙評判記にも「楽屋落ちと見へて」とある。江戸っ子達も「なんだこのマウント臭甚だしい本は」と感じたのだ。

この『吉原大通会』が出た天明4（1784）年は、天明期（1781〜1789年）の狂歌界の絶頂期であった。同時に、重三郎は前年に通油町に進出し、この狂歌を集めた狂歌本で己の名を高めていこうと、大田南畝らの懐に入るべく接待しまくっていた時だ。町人たちの間では「通」がもてはやされ、半可通とならぬようにと何かと「会」に出かける。


一方で、重三郎が人気作家達の遊びの中にある狂歌をトレンドとして発信したことで、狂歌は「蔦重で狂歌本を出版するための」ものと化していった。『吉原大通会』で、重三郎は狂歌名「蔦唐丸」として登場しておきながら、他の狂歌師たちのように仮装しておらず、くすぐりも言わず「企画ください」とシラフで紙を配る。

恋川春町はこの楽屋同人誌に自身を登場させていない。それは、遠巻きにこの享楽を穿つ視線であり、どこか冷めた腑を感じさせる。もてはやされた「自称大通」たちによる「通！　カッコよくて御免　ムカついちゃうよね？　ざまあw」を、恋川春町は一歩引いて黄表紙にしたためたのだ。確かに、この黄表紙は蔦重のところでは出せまい。蔦重をも穿っているのだから。

「狂歌師として名を上げたいのなら、この蔦重にお任せください。失敗はさせません」

重三郎の狂歌の第一人者たる「張り」と、そこにぶら下がるエセ通人。その姿は、「通」でも「粋」でも、ましてや「野暮」ですらない。読者にすら「楽屋受けw」と乾いた笑いをもたらす存在となりつつあったのだ。

享楽の終焉

重三郎が狂歌本に歌麿の絵を入れた「狂歌絵本」は当時としては画期的な趣向だった。狂歌を楽しむだけでなく、狂歌に添えられた絵も楽しむ。その絵を担当したのが、重三郎肝いりの無名絵師・喜多川歌麿だ。

狂歌本はもともと実用書や学術書などを担当する書物問屋が出すカテゴリで、「教養」分野であった。しかし、地本問屋である重三郎が参入したことで、狂歌は「エンタメ」となる。狂歌絵本は、その最たるものだ。重三郎は狂歌会を主催することで狂歌本を牛耳ることに成功し、歌麿の絵で最高にトレンドなエンタメへと完成させようとした。

「狂歌の通になりたきゃ、蔦重の狂歌絵本を外せねエってことよ」

大衆の口の端に上る、その位置を重三郎は張ってなければならなかった。

恋川春町が『吉原大通会』で穿ったように、大田南畝など大御所と呼ばれる狂歌師たちもこの状況に危うさを感じ始めていた。

そもそも狂歌は知識層が社会を風刺、または穿つものであり、狂歌師名は正体を隠し、社会に対して堂々と言えない自虐を詠む文芸だ。言うなれば、そんな表にドヤ顔で出して良いものではないのだ。それが、通だの洒落だのと耕書堂の神輿に乗せられ、江戸中に顔を晒している。気付けば重三郎の商売の中に、大田南畝の狂歌は組み込まれていた。

今や、日本を代表する狂歌師として大田南畝の名は知れ渡り、蔦屋重三郎の狂歌絵本におけるドル箱となっていた。そして大田南畝の危惧は当たる。

天明7（1787）年、南畝のパトロンである土山宗次郎《つちやまそうじろう》が斬首されたのだ。田沼意次の腹心であった土山宗次郎の処分により、大田南畝も危ないのではないかとの噂が聞こえる。

「世の中に蚊ほどうるさきものはなしぶんぶといひて夜もねられず」この狂歌が南畝のものではないかと言われ（南畝は否定）、この年には歌麿画による『絵本虫撰』が出版された。南畝は世間から大いに注目されていた。

一方、狂歌本や狂歌絵本は耕書堂を経営する上で大きなウェイトを占めていた。重三郎の目的は、通な遊びでも、狂歌メディアを動かすものとしての張りでもなく、人気作家に狂歌を詠ませ、これも狂歌本として出版することに変わっていた。『絵本虫撰』は確かに、大人の絵本として江戸を驚愕させるメディアではあったが、歌麿を売り出すための手段でしかなかった。

南畝は醒めた。この年の『千里同風《せんりどうふう》』が、南畝が関与した重三郎版狂歌集の最後となった。そして狂歌の筆を折る。吉原で大通だと浮かれた日々は終わったのだ。

しかし、重三郎は狂歌本から手を引くことはなかった。狂歌界の権威としてのプライドが、重三郎を奮い立たせる。南畝のいない狂歌連を再編成し、自らをリーダーと据えることで、狂歌本の出版を続けた。しかし、徐々に撰者の候補は統制の下に筆を折り、または重三郎率いる出版ありきのやり方に疑問を持ち離れていく。徐々に重三郎自身が撰者となった本が増え、自称狂歌師の自費出版を扱うようになった。

やがて歌麿は去り、狂歌師たちは独自の出版方法を持ち始める。こうした摺物で活躍し始めるのが、宗理と名を変えた北斎だ。狂歌のテーマや作者の意図を読み取る能力に長けた北斎は、重三郎が力尽きてからその能力を発揮する。

天明狂歌界における重三郎の張りは、いつしか権威と歌麿への執着に変わっていた。引き際を誤ったのも、北斎の能力を読み切れなかったのも、メディア統制と弾圧に狙われ行く、重三郎の焦りだったのか。

ところで、狂歌騒動の中で山東京伝の名は出てこない。天明の頃は大田南畝、恋川春町、唐来参和らと吉原で遊んでいたはずなのだが、やはりそういったウェイ系で「俺たち、また目立っちゃったしー」というノリは好きじゃなかろうし、「面倒くさ」と感じた時の引き際は早そうだ。

「身はかろく　持つこそよけれ　軽業の綱の上なる　人の世わたり」

京伝が詠んだ狂歌に、そんな執着のなさを表している。どこまでも粋に世を渡る京伝。因みに、この狂歌を詠んだ際の号は身軽織輔《みがるおりすけ》である。

5章
洒落の作法

下ネタ狂歌を洒落た絵本に変える歌麿マジック

狂歌師達のふざけたペンネーム

驕《おご》れる人も久しからず（地位や財力を鼻にかけ、威張っている人は、その身を長く保つことができないということ）となった天明狂歌だが、大田南畝らが残した狂歌は世相を反映しており、下級武士も富裕層の町人たちも、狂歌や戯作としてでなければ社会風刺が許されなかったことを表している。天明狂歌は田沼政治の真っ只中で流行を極め、その視線は鋭く、社会を穿ちでぶった切った。しかし、大真面目に喧嘩を売っては野暮であり、または自分の身が危うい。そこを上手く、ふわっと自虐を込めて、自身の知識と語彙力で詠む。

「うまいねえ」「なかなか言うじゃねェか」と唸《うな》らせ、相手がこれまた自分の知識を以て返歌する。しかしそこにマウント臭さがあってはならない。あくまでサラッと上手いことを言う。この空気感を作るのが「洒落」であった。

洒落には大きく二つの意味がある。一つは垢抜けていること、当世風《とうせいふう》で粋で気が利いていること。もう一つは、その場に興《きょう》を添える気の利いた文句や冗談のこと。前者は、現在の「おしゃれな人」「小じゃれたカフェに行く」など同じ意味で使われている。後者は、現在では「洒落を言う」と言われても「何を以て洒落か」といった感じでピンとこないかもしれない。イメージは「布団がふっとんだ」的な駄洒落《だじゃれ》の類いだろう（布団が吹っ飛んだは秀逸だと私は思う）。

洒落は「なんか良い感じ」である。なので「ほほう」と感心したり、「いいじゃん」と良い気分になったり、「ウケるわー」と笑ったりなどの気分を相手にさせられる人が「洒落」た人であり、そうした気分にさせる文句や会話を「洒落」るという。

その場を楽しませる洒落には、言葉遊びがある。その代表が、「布団が吹っ飛んだ」系の地口《じぐち》だ。日テレの「笑点」のお題でこうした言葉遊びが出るが、あれを見てると「おじさんとおじいちゃんたちが駄洒落で座布団を競っている」と思われるかもしれない。あれは駄洒落ではなく、落語の「地口オチ（駄洒落で落とすこと）」を創るために必須で立派（？）な技術であり、あのお題にサクッとうまいこと返せる俊敏性と知性が、噺家の胆力なのだ（多分）。

まあ、そういうわけで地口もその場を楽しませる「洒落」であり、社会風刺を茶化して場を楽しませる狂歌や黄表紙も、また洒落であった。とはいえ、権力を風刺したり穿つものなので、詠む者たちは号（ペンネーム）で身分や正体を隠す。ここにも、狂歌師ならではの洒落を効かせた。

朋誠堂喜三二は洒落本に「道陀楼麻阿《どうだろうまあ》」というペンネームを使った。宝暦の色男が書く吉原武勇伝はひと味違う。狂歌名は「手柄岡持《てがらのおかもち》」で、留守居役の裏側を隠そうともしない。朋誠堂喜三二のペンネームは、「干《ほ》せど気散《きさん》じ」（干上がっても気楽）のもじりで、「武士は食わねど高楊枝（貧しい武士でも、武士は腹一杯食べたかのように楊枝を使って、見栄を張らなければいけない）」の意味らしい。

喜三二の親友である恋川春町の狂歌名は「酒上不埒《さけのうえのふらち》」だ。吉原で酒宴の上での戯れ言だと断っている。ペンネームの恋川春町は、住まいの小石川春日町《こいしかわかすがちょう》から取っている。身バレしなかったらしい。

大田南畝の狂歌名は「四方赤良」。狂詩には「寝惚先生《ねぼけせんせい》」を使った。「山手馬鹿人《やまのてのばかひと》」というペンネームもあり、これは自分が山の手の牛込《うしごめ》に住んでいるからだろう。こちらは身バレしそうである。

狂歌師や戯作者ではないが、マルチの才能で活躍した平賀源内《ひらがげんない》は、「風来山人《ふうらいさんじん》」の名で書いた『放屁論《ほうひろん》』に、自身を「貧家銭内《ひんかぜにない》」という名で登場させた。実際この時、お金がなかったらしい。

男女の営みを野菜と虫で描く絶妙な洒落

重三郎が主催した通で洒落た狂歌会は、主に吉原で開催された。場所が場所だけにそれなりに下世話なものも詠まれる。そういった席でそういった話題はむしろ洒落ているわけで、馬琴がいたら延々と日記でけしからんと記録しそうな狂歌が詠まれることもあった。昭和平成初期の「猥談の一つもできないと酒の席でシラける」という言説と同じだ。もしかすると京伝は、そういった雰囲気が嫌で、吉原連の狂歌会の席にはつるまなかったのかという気もする。

ともかくそういった狂歌に画を添えて、吉原連の評価本を洒落たアイテムにするのが喜多川歌麿の役目だった。歌麿は重三郎の純粋培養。洗練された色気は、大通と呼ばれる彼らの狂歌を、知的に演出した。

『画本虫撰』は、歌麿が一躍評判となった狂歌絵本だ。秋の夜長、墨堤（隅田川の堤。向島付近）にて男女の恋を虫の声に託した狂歌に、歌麿

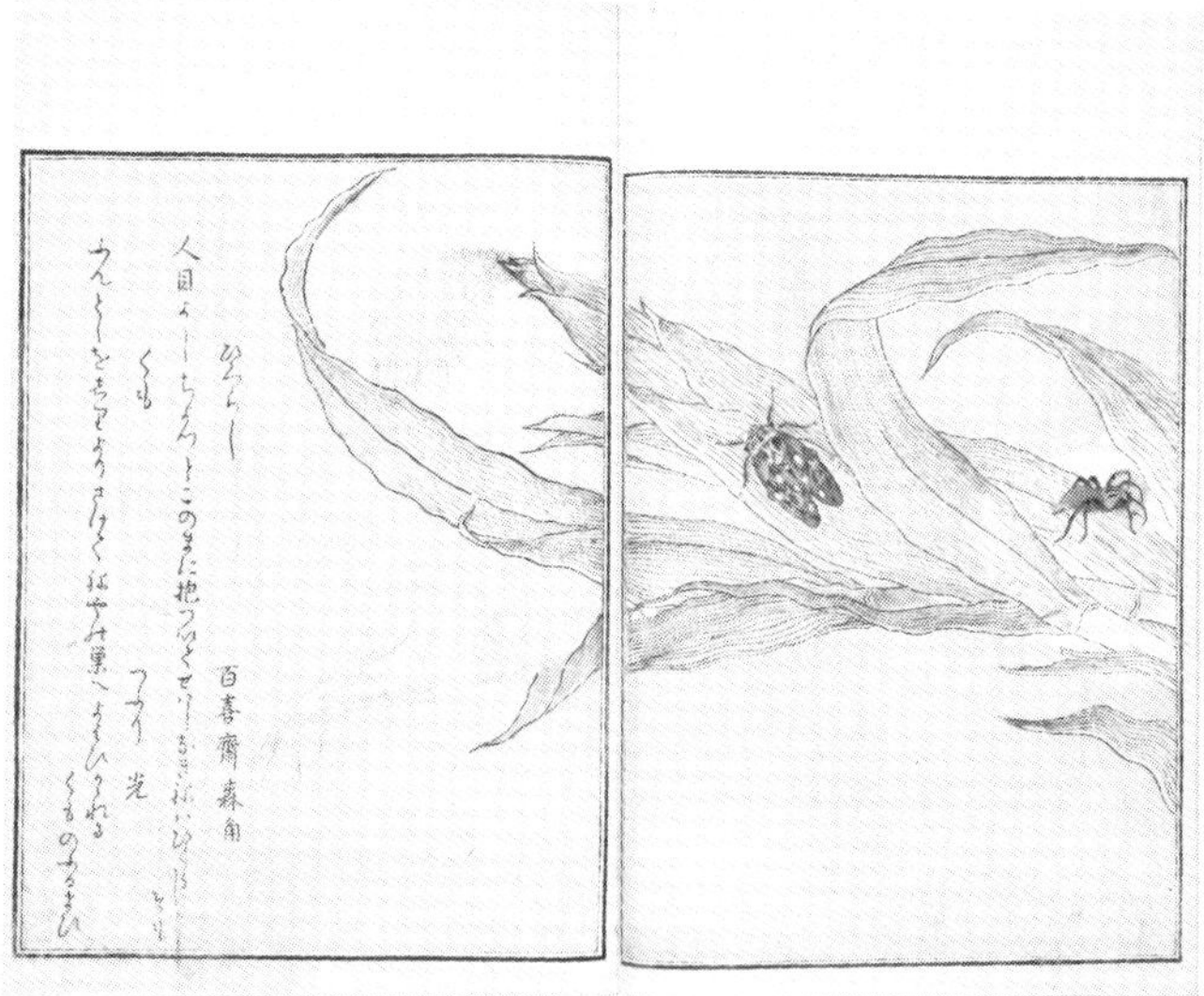

喜多川歌麿『画本虫撰』より｜出典：国立国会図書館デジタルコレクション

が草虫図を添える。何とも風流なのだが、詠まれた狂歌が風流ではない。

「毛をふいてきずやもとめんさしつけて　きみがあたりにはひかかりなば」
「はれやらぬその空言にかたつぶり　ぬるぬるほど猶つのや出しけん」
「人目よしちよつとこのまに抱きついて　せはしなきねはひぐらしかそも」
「ふんどしをしりよりさげてねやの巣へ　よばひかかれるくものふるあひ」

艶っぽいと言えば聞こえは良いが、要するに下ネタである（下ネタじゃない恋の狂歌もある）。

これらの歌を虫に見立て、歌麿は絵を挿していく。

絡め取られそうな蔓《つる》の花の上を這う毛虫、たっぷりとした甘い南瓜《かぼちゃ》を狙う蝸牛《かたつむり》、玉蜀黍《とうもろこし》に跨《また》がる蜩《ひぐらし》と、その後ろには糸を出しながら狙う蜘蛛。

絵だけ見れば風流で美しい草虫図なのだが、添えられた狂歌の意味を知ると何とも意味深に見えてくる。俳諧と繊細な絵が一体となり、えもいわれぬ魅力が匂い立つ。

しかし、絵だけなら健全そのものである。

この絵本は、文字が読めて狂歌の意味が理解できる知識があり、男女の戯れと洒落がわかる通人が楽しめる本なのだ。

絵がそのものズバリな男女の絡みであれば興醒《きょうざ》めであり、健全過ぎても野暮となる。絶妙な匙加減で下ネタをスルリと交わす絵は、さすが重三郎の子飼いであり、後の美人画の大家・喜多川歌麿の洒落だと言えるだろう。

宝暦の色男・朋誠堂喜三二の知性あるチャラさ

留守居役という美味しいお仕事

天明期（1781〜1789年）を代表する武家作家であり、狂歌、洒落本、黄表紙とマルチな文才を発揮した朋誠堂喜三二。重三郎が鱗形屋から独立する際も、通油町に進出する際も、重三郎の力になった頼れる兄貴である。その作品は絶妙に緩くてナンセンスで、かと思えば洒落本はモテ自慢の武勇伝で、一方で知的な視点がキラリと光る、トータルで見れば「さすが宝暦の色男」と納得させられる、得なキャラクターである。

本名は平沢常富《ひらさわつねとみ》、秋田藩江戸邸の留守居役である。重三郎より15歳年上で、武士なのだが幼少の頃から芝居を好み、舞と鼓《つづみ》を習う。「宝暦の色男」と自称するほど吉原に通ったという。どこぞの商家の若旦那のようだ。

留守居役とは、幕府における職種のひとつで、江戸藩邸にて幕府からの法令の解釈と伝達や、提出文書の作成などを行った。同時に、諸藩の留守居役との情報交換がなされ、連絡、調整を業務とする外交官でもあった。

情報交換は、どういうわけか吉原や遊里の料亭で行われた。遊ぶ金の出所は、藩の財布だ。つまり、税金で吉原で飲んでお引けとなって朝帰り。今だったら炎上どころの騒ぎではない。当時もよく燃えたようで、勘定方から悪魔を見るような目で見られていたという。

外交官といっても藩では物頭ランク（足軽大将。馬に乗れない下級武士）、べらぼうに忙しいわけではなく、吉原通いが職務になるくらいなのでネタはある。仕事の合間に戯作を書いてみたらヒットしてしまい、一躍人気作家となった。

そんな、人生を舐めてかかった人物の書く戯作なので、チャラくて軽い。武士なのでそこそこの教養はあり、しかし江戸っ子の粋も通も洒落もわかる。こういう人物が書く話は、どうしたって面白いのだ。あんなに勧善懲悪や因果について思い詰めていた馬琴とは真逆である。

重三郎は、こうした喜三二の武士らしからぬ江戸っ子気質を見て懐に入る。また喜三二も、吉原から這い上がってくる重三郎が気に入った。重三郎の手口は、必ずしも真っ当なやり方ではない。鱗形屋の危機に乗じて自分に近づいてきたのは明らかだ。それでも、吉原に通い、様々な権力者達の噂ややり口を見て、清濁併《せいだくあわ》せ呑《の》んできた喜三二には、そこに重三郎という人間の面白みを感じていた。

「この若造に賭けたら、面白いものが見られそうだ」

たとえ転けてご破算となっても、それもまた洒落だ。死ぬわけじゃないんだから楽しもうじゃねェか。喜三二のことだ、その位考えていただろう。

たとえ夢でも見るだけ得

「干せど気散じ」と洒落る喜三二の、気楽でありながらどこか退廃的な思想は、戯作にも現れている。喜三二の『見徳一炊夢《みるがとくいっすいのゆめ》』は、安永10（天明元年、１７８１）年、重三郎が版元となり出版した黄表紙だ。この年、喜三二は蔦屋で吉原細見の序文を書き、黄表紙を4冊書いている。蔦屋版黄表紙7冊の内の4冊なのだから、相当に重三郎に入れ込んでいる。

さて、この『見徳一炊夢』はというと――

浅草茅町《かやちょう》の金持ちの息子、清太郎は厳しく育てられ、年頃というのに遊ぶこともままならず、手代の代次《よつぎ》とおしゃべりをして憂さを晴らす日々。ある日、父の留守中に二人で話しているうちに近所のかめ屋から蕎麦の出前を注文する。蕎麦を待つ間に清太郎はうとうとし、夢の中に浅草並木の栄華屋という夢を商う店が出現。栄華屋は邯《かん》鄲《たん》の枕を貸し出し、金額に応じた内容の夢を見せるという。清太郎は自分の家から千両を盗み出し、50年分の夢を買う。

最初の20年は京、大坂、長崎と遊歴（めぐり歩くこと）し、唐にまで行って遊蕩《ゆうとう》（遊びふけること）する。40歳になり、江戸が一番自由だと悟り、戻って江戸の遊里で4人もの芸妓を身請けし、遊里での遊びに飽きると、俳諧、歌舞伎、能、茶道と通な遊びにハマる。70歳になるとさすがに家が恋しくなり、浅草茅町の実家に行ってみる。実家では清太郎は死んだことになっており、家は手代の代次が継いでいた。自分の五十年忌が行われており、そこに借金取りがやってきて、清太郎が遊び倒した50年分のツケ百万両を払えという。代次は全財産を処分しツケを払う。そこに清太郎が戻り「なんという恥か」と我が身を振り返る。

清太郎と代次は剃髪し、悟りを開き諸国へと修行の旅へ。

「百万両持っている人も、百万両使い捨ててしまう人も、共に生まれた時は丸裸。あら面白や、南無阿弥陀、南無阿弥陀」

代次「若旦那、居眠りをなされてましたか。まだ夢の中というお顔つきですが」

清太郎「不思議なこともあるものだ。50年は全て夢であったか」

小僧「富くじが当たるかもしれない、良い夢かも知れませんよ」

かめ屋「もし、お頼みもうしやす。いまお誂《あつら》え（注文して作らせた）のそばが参りやした」

遊蕩し、栄華を極め、何もかも手に入れた後、何もかも失う。夢から覚めて現実を知るという、恋川春町の『金々先生栄花夢《きんきんせんせいえいがのゆめ》』と同じ流れの話だ。

しかし、喜三二の方は、春町の金々先生が「栄華を極めたところで一炊（飯が炊き上がるほど短い間）の夢だ、真面目に働こう」という悟りに対して、「え、どうせ夢なら楽しい方が良くない？　それもまた徳ってやつじゃん」と洒落る。後で「やっちまったな」となったところで、栄華が極められるんだったらそれが夢と儚く終わったとしても「やっとけ」というのだ。

物語では「なんかめちゃくちゃ景気が良い夢見ちゃったな」という清太郎に、小僧が「なんか、良い前兆かもしれないっすよ、富くじ（宝くじ）当たっちゃうんじゃないですか？」と、これまた夢のようなことを言っている。そんな景気の良い話をしながら、これから食べるものは「俺が奢ってやれるのはこのくらいしかないんだ」という1杯16文（520円）の蕎麦なのだ。

喜三二は自身の身分をよくわきまえていた。抜擢され留守居役となったとしても下級武士であり、藩士の一人に過ぎない。それでも、江戸は自由だし、下級武士は気楽な稼業だ。飲みニケーションがきついときもあるが、藩の金で遊べるのならそれも乙なもの。だったら、今のこの状態を利用しまくろうじゃないか。

こうしたやたらにポジティブな思考と自虐が、戯作となり狂歌となった。物語の中で清太郎が歌舞伎に茶道にと通な旦那遊びに興じるが、それは喜三二の自虐と穿ちだろう。そうやって栄華を極める遊びを演じ、あとで転けたところでそれは「あら面白や」という洒落なのだ。

そんな栄華の田沼政治が終わり、天明8（1788）年、松平定信の寛政の改革による統制で自著の『文武二道万石通』が出版停止となった。『見徳一炊夢』から8年後のことである。

喜三二にとって、吉原で遊び戯作で人気作家となった栄華は終わりを告げた。『文武二道万石通』は前代未聞の売れ行きで、耕書堂の店の前には往来（通り）まで行列ができたほどだったという。戯作者としてのフィナーレは、売れすぎて幕府と藩にバレて出版停止という大花火。喜三二ならこれを「栄華の夢」と洒落ただろう。

以後、喜三二は戯作者としての筆を折り、黄表紙界隈から姿を消す。ただし、狂歌の方は変わらずに続けたそうだ。重三郎が身上半減となった寛政3（1791）年には、滑稽本『羽勘三台図絵《うかんさんだいずえ》』を古巣の鱗形屋から刊行している。

そういうところだ、喜三二よ。

下級武士はつらいよ教養で理不尽を洒落る

下級武士・太田南畝の悲哀

通のたしなみとして狂歌があった。狂歌とは江戸時代に盛んに行われた古典的ではない和歌的文芸である。通俗的で身近なテーマを和歌の形式で、穿ちや滑稽を詠み込む。

戦国時代を終えて太平の世（世の中が平和で穏やかなこと）となった江戸時代は、貴族や武士だけではなく、庶民の間にも「笑い」を楽しむ文化が生まれた。戦国武将で歌人の細川藤孝《ほそかわふじたか》（幽斎《ゆうさい》）が狂歌をよく詠んだことで門下の上層階級から流行が始まったという。

江戸での流行は、大田南畝が始まりだ。大田南畝は幕臣ではあるが、御徒《おかち》（馬に乗れない身分）の下級武士だった。ただ、学問に秀でていたため、市谷加賀町《いちがやかがちょう》の内山椿軒《うちやまちんけん》の塾に入門し、国学や漢学を学んだ。

この内山椿軒はなかなか洒落た人物だったようで、「出世に大して役に立たない漢文学をやるよりも、狂歌を詠みなさい」と弟子に勧めた。塾には後に狂歌や戯作で名を上げる唐衣橘洲《からごろもきっしゅう》、朱楽菅江、平秩東作がおり、彼らは師の言葉に目覚めた。まだ前髪があった少年の唐衣橘洲は早速詠んで、そっと師に見せた。

今さらに雲の下帯ひきしめて
月のさはりの空ごとぞうき

内山椿軒先生は「なかなかいいね」と褒めた。よほど少年が詠むような内容ではないのだが、先生は褒めた。「いいんだ、これで！」と自信を持った南畝らは、狂歌の会を作り、詠むようになった。これが江戸の狂歌流行の発祥である。

狂歌は、ただ面白おかしく詠むのではなく、洒落や頓知《とんち》、古典和歌のパロディなど言葉遊びを楽しむ姿勢があって初めて狂歌となる。狂歌の流行は、狂歌が持つ精神が、封建時代、そして田沼政治の下級武士達の心境にぴったりとマッチした結果だといえるだろう。

封建社会の身分制度は士農工商と言われて久しいが、これは正確ではなく、単に「武士か、武士じゃないか」に分けられていた。武士じゃなければ、その他大勢である。

かといって、武士に生まれたとて、家柄によって将来は決まっている。南畝は御徒身分の下級武士で、一生その身分は変わらない。御徒組に生まれたのなら、上級武家の養子になるなどのよっぽどな幸運でもなければ未来永劫下級武士のままだ。

ましてや庶民に生まれては、たとえ町人として稼いだとしても、身分は「武士以外」。生まれた時から運命は決まっている。たとえ、能力があって学問に秀でていても、死ぬまで生まれ落ちた家の身分である。どんなに漢文学を学んだところで出世が叶わない南畝が、狂歌や戯作に走ったのも、無理はないことだ。

19歳になった南畝は、『寝惚先生文集』を出版する。版元は、江戸一番の書物問屋である須原屋市兵衛《すはらやいちべえ》だ。

ここには、杜甫《とほ》（中国の詩人）の『貧交行《ひんこうこう》』をパロディにした狂詩『貧鈍行《ひんどんこう》』がある。

〈杜甫『貧交行』〉

手を翻せば雲と作り　手を覆せば雨

紛紛たる軽薄　何ぞ数うるを須《もち》いん

君見ずや管鮑《かんぽう》　貧時の交わり

此の道今人棄てて　土の如し

〈寝惚先生『貧鈍行』〉

貧すれば鈍する世をいかん

食うや食はずの吾が口過ぎ

君聞かずや　地獄の沙汰も金次第

稼ぐに追い付く　貧乏多し

『貧交行』の、春秋時代の名相（すぐれた大臣）管仲《かんちゅう》とその親友・鮑叔《ほうしゅく》の、貧しき時にも変わらぬ絆を讃え、人との縁の軽視を諫《いさ》めた詩を、南畝は『貧鈍行』として「全部貧乏が悪いんじゃ」と洒落たのだ。

わかる人にはわかる、知的な笑い。しかし、わかったところでさらに詩の哀愁は増し、読者はやはり笑うしかない。理不尽を洒落て笑う。これが通人の洒落だ。

狂詩や狂歌は、「洒落がわかる」という選民意識を下級武士や庶民達にもたらした、封建社会の裏路地に咲いたあだ花だったのだ。

理不尽でも哀しくても、物書きはやめられない

狂歌は社会の理不尽に鬱屈する庶民たちをも夢中にさせ、天明期に入るといよいよ大流行となる。ここに商売の匂いを嗅ぎ取ったのが蔦屋重三郎だった。狂歌師たちの競演による狂歌本、しかも蔦屋版は人気狂歌師がぞろぞろと掲載されている。売れないわけがなかった。

天明６（１７８６）年に重三郎の耕書堂から出版された『吾妻曲狂歌文庫《あずまぶりきょうかぶんこ》』は、北

尾政演（山東京伝）が挿絵、撰は宿屋飯盛（石川雅望）。狂歌師50人の似顔絵入り全ページカラー刷りといった、金に糸目をつけていない豪華狂歌本だ。

宿屋飯盛は序文で「身分関係なく、歌の面白さで平等に選んだ」と述べており、狂歌が大衆にも人気であり、浸透していることがわかる。

この頃、田沼意次が失脚し、寛政の改革の夜明け前であった。田沼時代における下級武士達は、インフレで貧乏がさらに苦しくなるという具合に、良いことなどひとつもなかった。まあ、吉原で遊んでいてもさほど怒られなかったくらいである。大飢饉や浅間山の大噴火など、不穏なことも多かった。そうした境遇の中で、大田南畝をはじめとした武家狂歌師達は、ここぞとばかりにふざけ、愚痴っている。

四方赤良（大田南畝）

「あなうなぎ　いつくの山のいもと　せを　さかれて後に　身をこかすとハ」

鰻はつらいね。前は山の芋だったのに、今じゃ背を割かれてその身を焦がしている。（以前は妹・背と呼び合う両思いの男女だったのに、今は仲を割かれて恋慕《れんぼ》にその身を焦がしている。高価で手がでない鰻への身を焦がすほどの恋情。食べたい）

手柄岡持（朋誠堂喜三二）
「とし波の　よする　ひたひの　しハみより　くるゝハいたく　をしまれにけり」
年を重ねて額の皺が増えるのは歓迎しないが、お歳暮をいただける点は捨てがたい。
（年を重ねて額の皺《しわ》が増えたことで、あの方はまだ立派に現役であろうのに、必要とされないことが解せぬ）
紀定丸《きのさだまる》（南畝の甥）
「大井川の　水よりまさる　大晦日　丸はたかでも　さすか　こされす」
大晦日の掛け取りは大井川の水の勢いよりもすごい。丸裸になっても勢いは止められない。（金がないから借金せにゃならん）
酒上不埒《さけのうえのふらち》（恋川春町）
「もろともに　ふりぬるものハ　書出しと　くれ行としと　我身なりけり」
疎まして嫌いなものは、請求書が束に成ってやって来る大晦日と、またひとつ年を取る自分。（何一つ変わらず貧乏のまま、また今年が暮れていく）

唐衣橘洲《からごろもきっしゅう》
「世にたつハ　くるしかりけり　腰屏風《こしびょうぶ》　まがりなりにハ折かゞめども」
生きるのは難しく、ましてや出世など尚も苦しい。腰屏風のように腰をかがめて生きている。（腰をかがめることは苦ではないが、夜に立たなくなったのはツライ）
別のことを詠んでいながら、実はその裏に真意がある。同音異義語や見立てで洒落て詠む。理不尽な世に物を申せない下級武士達のやけくその遊戯であった。
彼らの遊びは寛政の改革でいきなり終焉を迎える。多くの武家作家がフェイドアウトする中、大田南畝もやはり狂歌連との一切の交遊を断った。「世の中に蚊ほどうるさきものはなしぶんぶといひて夜もねられず」の狂歌が南畝作と噂されていたことも大いに影響した。
寛政６（１７９４）年、南畝は幕府の学問吟味《がくもんぎんみ》を受験し、お目見え以下の武士（将軍にお目にかかる資格のない武士）で首席合格を果たす。今でいえば、東大か京大でトップ合格するようなものだ。

学問吟味は、松平定信の能力ある武士の登用を目指した新しい制度だ。自身の立場を狂歌で笑いにしていた日々がこれで報われる。しかし、首席の南畝にあてがわれた仕事は、御勘定所諸帳面取調御用《ごかんじょうしょしょちょうめんとりしらべごよう》。竹橋の倉庫で、古い帳面を整理する仕事だった。

「五月雨《さみだれ》の日もたけ橋の反故《ほご》しらべ　今日もふる帳あすもふる帳」

学問をがんばったところで、結局は家柄だ。首席合格しても、五月雨の雨が今日も明日も降り続けるのと同じように、明けても暮れても帳面の整理。洒落て自虐していなくちゃやってられんのだ。

結局南畝は筆を折ることはできなかった。幕臣として粛々と仕事をこなしつつ、日記や随筆を書き続けた。大阪に赴任してからは狂歌も再開した。人々も、かつて万バズを出しまくった南畝の文章を読みたがった。

「又ことし　扇何千何百本　かきちらすべき口ぴらきかも」

商業化した狂歌を見切ったつもりだったのに、またこうして扇に狂歌を書き散らして飯の種にしている。人生はうまくいかない。だからやっぱり詠むしかないのだ。

「世の中に人の来るこそうるさけれ　とはいふものの　お前ではなし」

本当は、こんな狂歌も詠む南畝。「来てくれてうれしい」が見えるから、来客も「素直じゃないなあ」と言いつつちょっとうれしい。これは人を幸せにする洒落だ。

享和2（1802）年、曲亭馬琴は関西を旅行した際、大田南畝を訪ねている。この狂歌がその時に詠んだものだったら良いなと思うのだが、馬琴のことなのでこの洒落を理解したかどうか。理解したらしたでドヤりそうな気もするが。

6章 伊達の作法

伊達か酔狂《すいきょう》か、蔦重の大博打「東洲斎写楽」

謎多き絵師・東洲斎写楽

寛政の改革で処罰を受け、浮世絵の発行をメインにシフトした重三郎が、最後に賭けた切り札が「東洲斎写楽」だった。

大首絵《おおくびえ》で一躍美人画のトップに躍り出た歌麿は、他の版元から引く手数多となり、重三郎独占ではなくなっていった。こうなると当然重三郎は別の一手を打たねばならない。歌麿ブランドだけに頼るのはリスキーだ。重三郎は美人画と共に安定的に需要がある役者絵に目を付けていた。

歌舞伎の人気は高く、庶民も歌舞伎見物を楽しむようになっていた。町の娘ですら推しの役者の錦絵を欲しがる。ここに天下の重三郎が未着手のままで、良いわけがないのだ。
しかし、役者絵の大家である勝川春章は鬼籍《きせき》（死者の名前や死亡年月日などを記した帳面）に入り、勝川春朗（後の葛飾北斎）は、役者絵に興味がないのか勝川派をなぞるだけで、重三郎が望む斬新さがない。春朗は挿絵の方に才能を発揮し、役者絵を描く頻度は落ちた。春朗は描きたいものしか描かない。クリエイターとしてはなかなか胆力とみるべきだが、早急に何とかせねばならない時の重三郎にとっては歯がみしたところだろう。おだてようにも吉原研修が効かないのだから、為す術がない。不満げな顔を見せつつも黄表紙を書く馬琴の方が、まだ何とかなる（教育論っぽいのがアレだが、統制のご時世には合ってはいるので強く言えない）。

そうこうしているうちに、大手版元の和泉屋市兵衛が、寛政6（1794）年の正月、歌川豊国《うたがわとよくに》の『役者舞台之姿絵《やくしゃぶたいのすがたえ》』の連作を出版した。豊国は美人画で頭角を現してきた注目の絵師だ。耕書堂でも、京伝の『箱入娘面屋人魚』の挿絵を描いている。しかし、浮世絵では表立って起用はなかった。歌麿がいたからだ。そこを、和泉屋にさらわれた形である。重三郎が西村屋から歌麿を攫ったのと同じだ。因果は巡る。

しかし、重三郎は隠し球を持っていた。まだ誰も知らない、原石中の原石。一度も作品を発表しておらず、見たこともない役者絵を描く無名の絵師。

それが、東洲斎写楽であった。

東洲斎写楽。その正体は、現在では阿波《あわ》徳島藩主の蜂須賀《はちすか》家お抱えの能役者・斎藤《さいとう》十郎兵衛《じゅうろべえ》という説が有力となっている。

しかしこれは、天保15（1844）年に斎藤月岑《さいとうげっしん》が『浮世絵類考《うきよえるいこう》』を補記した『新増補浮世絵類考』で初めて登場した名前に過ぎず、能役者・斎藤十郎兵衛が実在したらしいことはわかっているが、写楽の正体が斎藤十郎兵衛である確証はないままだ。

重三郎がどこから十郎兵衛を見つけてきたのかはわからない。当時、重三郎の食客となっていた十返舎一九は口を閉ざしたままで、大田南畝は『浮世絵類考』に写楽について記述するも、寛政7（1795）年頃に数行記したに過ぎず、正体も明かしていない。享和2（1802）年に京伝が同書に追考を記載するも、写楽についてはノーコメント。箝口令《かんこうれい》でも敷かれているのかというくらいに念入りである。

ともあれ、重三郎は何らかの光るものを十郎兵衛に見出した。絵心があったのか、なかったのかすらわからないが、重三郎は十郎兵衛に耕書堂ならではの役者絵を託したのだ。

真を写した役者絵で炎上

寛政6（1794）年5月に売り出された写楽の役者絵は、都座《みやこざ》『花菖蒲文禄曽《はなあやめぶんろくそ》我《が》』、桐座《きりざ》『敵討乗合話《かたきうちのりあいばなし》』、河原崎座《かわらさきざ》『恋女房染分手綱《こいにょうぼうそめわけたづな》』『義経千本桜《よしつねせんぼんざくら》』に出演の名優達、全て大首絵の大判、贅沢な雲母摺《きらずり》（雲母《うんも》（鉱物）や貝殻の粉を用いて背景を塗りつぶす版画手法）の一挙28枚だった。

江戸っ子達を驚愕させたのは、この倹約のご時世にキラキラのラメやパール加工だけではない。描かれた役者の顔だ。

アンバランスとも言える大きな顔、残酷なまでに忠実に写した特徴は、もはやデフォルメされた似顔絵だ。事もあろうか、皺まで忠実に写している。それを、バストアップの大首絵なのだから、嫌でもその顔に目が行ってしまう。

しかもこれを一気に28枚も発表したのだから、耕書堂の店先は人だかりとなっただろう。

写楽の役者絵は、歌川豊国とはまるで真逆の代物だった。豊国は役者を立ち絵で描き、理想的なプロポーションと決めポーズの姿は美しい。所謂、贔屓筋やファンが欲しい役者の姿だ。似ているとか似ていないとかは関係なく、推しの役者が演じている姿が欲しいのであり、顔は美しく、所作も美しく、衣装が同じであればＯＫ！　という、購買ターゲットに向けた役者絵だ。

ところが写楽の場合、立ち絵ではなくバストアップとし、形骸化した役者絵の顔の作りを、残酷なまでに忠実に写し取った。見せるための決めポーズではなく、舞台上で繰り広げられる一瞬を切り取り、見栄を切る形、悪役の表情、芝居の中で途方に暮れる動きを描く。

『三代目大谷鬼次の江戸兵衛』｜出典：Colbase
(https://colbase.nich.go.jp/collection_items/tnm/A-10569-471?locale=ja)

それは、必ずしもファンが欲しい絵ではない。皺は要らないし、女形はたとえ男の役者であろうと、絵の中では美女でなければならない。写楽は役者絵に求められるセオリーをことごとく逆張りし、重三郎は「それが良し」と出したのだ。

豊国の役者絵との共通点はひとつだけあり、背景が抽象的、または無地であることなのだが、重三郎はこの背景すらも雲母摺（キラキラパール加工）にした。もはや喧嘩を売っているとしか思えない。

案の定、「醜《しゅう》」をも誇張した写楽の役者絵は炎上する。贔屓筋やファンだけでなく、役者本人からも嫌われた。一方、豊国の「美」を盛った役者絵は贔屓筋に大いに歓迎され、大衆にも支持された。役者絵対決は和泉屋＆豊国の勝利となり、写楽は寛政7（1795）年1月の発表を最後に、忽然《こつぜん》と姿を消した。

以後、耕書堂は斜陽となり、寛政8（1796）年に曲亭馬琴の読本『高尾船字文』を出すも、馬琴曰く「させる（たいした）評判なし」でヒット作を生むことなく、重三郎は寛政9（1797）年5月6日に、48歳で逝く。脚気《かっけ》（ビタミンB1が不足して起きる病気）であった。

果たして、重三郎は役者絵のターゲット層を見誤り、敗者となったのだろうか。そんなことはあるまい。

当時の歌舞伎は天明期の洒落た演出から、江戸っ子好みのテンポの良いストーリー展開やセリフが好まれるようになっていた。「生写《いきうつ》し」である。登場人物の性格やストーリー展開に「リアル」が求められたのだ。いわゆる、「こんな奴、おらんだろ」「そうはならんやろ」から「いるわ、こういう人」「わかるわ」へと変化していったのである。

流行に聡《さと》い重三郎が、この流れを見逃すはずがない。写楽の役者絵は、形骸化した浮世絵の手法に、「リアル」をぶつけて「まだそんなことをやっているのかい」ともの申した、重三郎の男伊達と張りではなかったか。

重三郎が写楽の絵で世に問いたリアルは、大衆にはまだ早すぎた。しかしどうだ。写楽の絵は未だインパクトを持って世界中で評価され、写楽の謎は謎解きロマンの格好の的となって久しい。

江戸時代の役者絵と言えば写楽の『三代目大谷鬼次《おおたにおにじ》の江戸兵衛《えどべえ》』であり、北斎の

『神奈川沖浪裏』と並ぶ名作とされている。そして、その写楽を生んだ重三郎の名は、今日までも「江戸の出版王」として伝えられている。

重三郎が世に出したのは、新鋭奇抜で酔狂な写楽の役者絵だけではない。浮世絵界への挑戦であり、写楽誕生から引退までのドラマをリアルの世界で打ち上げた、一世一代の大花火だったのだ。

写楽の正体は

とはいえ、重三郎は自分の命が先行き短いなどとはちっとも思っていなかっただろうし、写楽の大花火が自身の人生の大団円《だいだんえん》などと思っていなかっただろう。写楽をぶち上げた後のことまで考えていたのではないだろうか。

それは何か。写楽の正体の解き明かされた後の浮世絵界だ。実際、写楽の後で浮世絵や芝居は大きく変わる。葛飾北斎や歌川広重が風景画というジャンルを産み、鶴屋《つるや》南北《なんぼく》がその時代の風俗を取り入れ庶民や下級武士のリアルを活写する。

重三郎と写楽は見事に、「美しく描くことだけが全て」の絵や物語のメディアに、大きく爪痕を残すこととなる。

そこで重三郎は、満を持して写楽の正体を明かすつもりだったのではないか。だいたい、おしゃべりでメモ魔の大田南畝が、『浮世絵類考』で奥歯に物が挟まったような記述で済むはずがなく、当時一番近くで見ていた十返舎一九が一言もないのはおかしく、馬琴はともかく京伝が知らん顔をしているのも不自然だ。重三郎から箝口令が敷かれていたと考えるのが自然だ。

「正体がバレたらまた処罰されるかもしれないし、頼むよ」

「(恋川春町みたいなことになっても後味悪いしな) わかった。無茶はするなよ」

十返舎一九は使われている身であり、いろいろ明らかになったらネタにしよ、くらい思っていただろう。


さて、4章の139頁の通り、葛飾北斎、当時勝川春朗は、写楽が役者絵を出した寛政6(1974)年から、ぴったりと役者絵をやめ、以降ほぼ描くことはなかった。描いたとしても、舞台袖から見た図であり、役者がご丁寧にみな後ろ姿である。絶対に描かないという、強い意志が感じられる。

なぜ北斎は描かなくなったのか。写楽への意地だろうか。

ここに、葛飾北斎こそ写楽の正体であったという説がある。写楽の正体には、北斎の他にも喜多川歌麿、山東京伝、谷文晁《たにぶんちょう》、円山応挙《まるやまおうきょ》などなど多くの人物が候補に挙がっており、蔦屋重三郎本人説や、複数の絵師による合作説もある。どの説もそれぞれに根拠が示されており、それだけ写楽の正体について謎だらけなのだが、もし、北斎が写楽だったとしたら、重三郎は北斎の絵師としての奇才を、実は見抜いていたことになる。

北斎、勝川春朗の師は勝川春章だが、春章は勝川派の祖であり、同時に役者似顔絵の祖でもあった。春章が描いた『東扇《あずまおうぎ》（斧定九郎《おのさだくろう》を演じた初代中村仲蔵《なかむらなかぞう》の絵）』は、まさに『仮名手本忠臣蔵《かなでほんちゅうしんぐら》』の五段目のワンシーンを切り取った絵であり、悪役の顔を忖度せずに表現している。

この、人物の特徴を掴み、リアルの一瞬を写し取る手法は、北斎も受け継いだ。『北斎漫画《ほくさいまんが》（北斎による画集）』や『富嶽三十六景《ふがくさんじゅうろっけい》（富士図版画集）』の『神奈川沖浪裏』も、動画を一次停止したような図だ。

しかし、人々は「きれいな役者」の絵を求めた。その絵師の絵を見たいのではなく、役者が見たいからその絵を買う。役者絵が売れるのは、絵師の評価ではなく、役者の評価故なのだ。若かりし春朗のプライドは許さなかった。とはいえ、依頼されれば食うために描かねばなるまい。自ずと消費者向けの役者絵となった。

重三郎はそんな北斎に、

「お前さんが描きたいものは、そんなもんじゃゃねェだろう」

と言ったとしたら。


北斎が描く役者のリアルは、その人間の内面であり、虚構を描く浮世絵界への殴り込みであった。重三郎は、役者ではなく北斎の絵そのものを大衆に突きつけようとした。歌麿の大首絵を売り出して大成功した、雲母摺という演出付きだ。

ところが、北斎は恋川春町や山東京伝が処罰されたことを知っており、春町がその後不審な死を遂げたことも知っていただろう。あの京伝が筆を折るほど、手鎖はクリエイターにとって屈辱だ。北斎とて、筆を折る気はないし、ましてや命を捨てるなんぞまっぴらだ。１００歳まで生きるつもりなのだから、何もここで死に急ぐ必要はない。北斎は馬琴よりもずっと堅実であった。

そこで、重三郎は芝居を仕掛ける。東洲斎写楽一代のドラマだ。匿名で思う存分リアルを描く、期間限定の博打である。匿名で、期間限定で、「人間」を描く。もし処罰の対象となっても、東洲斎写楽という人物は居ない。処分されようがないし、なったとして監督不行届か出版停止であろう。耕書堂が全て被る。そう啖呵を切られたら、乗るしかない。人間の表情を写実する挑戦は、北斎にとっても魅力的だったのではないか。馬琴が「右に」と指示した絵を、左に描く天邪鬼だ。「美と虚構」がセオリーの役者絵を、「醜のリアル」に描こうとしても不思議ではなかろう。

こうして写楽として北斎が役者絵を描いたのだから、北斎の名で役者絵を描けるわけがない。写楽の役者絵は注目を一手に集めた。

ただ、写楽の絵は炎上が過ぎた。贔屓とファンの恨みを買いすぎた。今で言うなら、アイドルのアラをデフォルメしてＳＮＳにアップしてバズったのと同じなのだから、そりゃ炎上する。命の危険もあったかもしれない。写楽は10ヶ月で切り上げとなり、ほとぼりが冷めるのを待っているうちに重三郎は力尽きる。

「芝居を続けるしかねェやな」

北斎は宗理と名を変え、一時期は画風まで変え、以後役者絵は封印。北斎の名声が上がれば上がるほど、写楽とバレるわけにはいかない。南畝も京伝も一九もだんまりを決め込み、馬琴は写楽の存在すら消し去った。何も知らないはずの式亭三馬《しきていさんば》が「洒落齊《しゃらくさい》」などと名乗って推理を攪乱《かくらん》させてみせ（あまり効果はなかった）、斎藤月岑に京伝辺りが「実は斎藤十郎兵衛っていう役者だよ、もうこの世には居ないけどね」とか言ってこの芝居に幕を下ろしたとしたら。

写楽の存在と謎が、重三郎と北斎、天明作家たちによる、幕府の目をくらませる大芝居だとしたら、そりゃ大層な伊達と酔狂だ。「寛政の改革」で杭を打たれた彼らの反撃である。そしてそれは、時を超えて大成功している。結果オーライ。

北斎は、重三郎亡き後の二代目耕書堂で美人画メインの狂歌絵本を描き、義理を返した。その本は発禁となってしまうが、耕書堂は北斎の名を出さずに一切の罪を被り北斎を守った。死しても尚、重三郎は北斎への約を果たしたのである。

可愛いだけじゃ物足りない？
アイドル・茶屋娘の「俠《きゃん》」

すぐそばで生きている女性たちを描いた歌麿

身上半減となった重三郎が再起を賭けた浮世絵で一発逆転を果たしたのが、喜多川歌麿との「美人大首絵」だった。重三郎がいつから歌麿が持つ美人画の才を見抜いていたかはわからない。しかし、狂歌絵本『画本虫撰』の虫と野菜だけしか描いていないのに、あの艶めかしさはけしからん。とっくに重三郎は気付いていたはずだ。

歌麿もまた、写楽と同様に「美人画」ではなく「女性が持つリアルの美」を写し取ろうとした。ただ、写楽のように見た目の特徴を際立たせるのではなく、女性の「内の美」を引き出し、描いた。それは、見た目の美しさや衣装の豪華さに頼らない、眉の動き、指先の角度、唇の動きで、女性の心情を表現する。やはり、これまで見たことのない美人画だった。

美人画の起こりは、元禄期（１６８８〜１７０４年）の菱川師宣《ひしかわもろのぶ》の『見返り美人』に遡る。浮世絵（錦絵）の美人画は、明和《めいわ》期（１７６４〜１７７２年）の『笠森《かさもり》お仙《せん》』を描いたことで有名な鈴木春信である。以来、美人画はその時代の「可愛い」「美人」の顔とスタイルで、「流行」「風俗」を魅せるものだった。美人画に描かれる女性達は、実在した茶屋娘、笠森お仙ですらも美人の記号だったのである。

歌麿は美人画に描かれる女性たちに命とストーリーを吹き込んだ。例えば『歌撰恋《かせんこい》之部《のぶ》』の「物思恋《ものおもうこい》」には、既婚と思われる女性が頬杖をつき物思いにふけっている。女が思うのは、過去の男か。背景は薄い紅一色で身の回りのものは描かれない。薄紅にも、何か意味が含まれているのではなかろうかと思わされてしまう。着物でも調度品でもない、その魅力を表現するのは、描かれている女性の表情だけだ。想像は掻き立てられ、ある者は共感し、ある者は誰かを思うだろう。遠い昔の初恋か、それとも不義の恋だったのか。

歌麿の成功は、見る者を巻き込んだリアルを活写したことだった。そして、美人のモデルを名もない市井の女性達としたことだ。『婦女人相十品《ふじょにんそうじっぽん》』では、商家の奥方や町娘たちがそれぞれの表情を見せる。遊女や芸者など玄人の女性ではない、江戸に暮らし日々を生きる、全ての女性が持つ美しさを歌麿は描き、人々はその視点と発見に喝采を送ったのだった。

モデルは町で人気の地下アイドル

寛政5（1793）年頃、歌麿と重三郎は最大のヒット作を産み出す。『当時三美人（寛政三美人）』だ。3人の美女は、遊女でも芸者でもない。市中で美人と評判の町娘である、富本豊雛《とみもととよひな》、難波屋《なにわや》おきた、高島屋《たかしまや》おひさを描いた。

このうち、おきたとおひさは水茶屋の娘だ。おきたは浅草浅草寺の難波屋、おひさは両国薬研堀《やげんぼり》（現在の東京都中央区東日本橋）の煎餅屋に併設された水茶屋、高島屋の娘である。おきたはふっくらとしたあどけない16歳、おひさはキリリとした17歳。富本節（浄瑠璃の流派）名取りの理知的な豊雛と、はっきりと描き分けられており、当時としては異例の写実性だったという。

この美人画は爆発的に売れた。美人画は今でいうとブロマイド（古いか）か有料ダウンロード画像のようなもので、水茶屋の娘というと地下アイドルだ。歌麿はこの美

『江戸三美人・富本豊雛、難波屋おきた、高島屋おひさ』｜出典：Colbase
（https://colbase.nich.go.jp/collection_items/tnm/A-10569-619?locale=ja）
※名前記載の禁止令が出た後の三美人図で、それぞれの紋が
着物やかんざしに描かれている。

人画の後も、彼女たちをモデルにして次々と作品を発表した。

モデルとなった彼女たちも、どうやら率先して歌麿のアトリエでモデルを務めたらしい。というのも、鈴木春信が描いた水茶屋の娘・笠森お仙は、その評判故に茶屋に訪れる人が増え、幕府旗本の御庭番《おにわばん》（将軍直属の監察官）で笠森稲荷《かさのもりいなり》の地主でもある倉地政之助《くらちまさのすけ》の許に嫁いだ。いわば、玉の輿だ。アイドルが大企業の息子と結婚したとか、青年実業家と恋仲になったとか、ＩＴベンチャー企業の社長と一緒になったとか、そういう感じである。

売れれば、水茶屋に客が増える。当然、彼女たちの地位も上がる。客に媚びを売らなくて良くなる。ならばモデルにでも何でもなってやろうじゃないか。

歌麿の方も、彼女たちにあからさまな「色っぽさ」を求めなかった。衿を深く抜いていても、腕を露《あら》わにして伸びをしていても、その肌は健康的で普段の姿だ。

吉原の遊女は張りがブランドであるのと同様に、江戸の市井の女性達が持つ魅力もまた、張りであった。女だてらに客をあしらい、勇み肌で粋な様子は「侠《きゃん》」と呼ばれ、それも愛嬌だ。どうも江戸の男達はこうした強い女性がお好みだったらしく、文化・

文政期（1804〜1830年）で鶴屋南北《つるやなんぼく》が書いた歌舞伎『東海道四谷怪談《とうかいどうよつやかいだん》』で御《お》岩《いわ》が伊右衛門《いえもん》にどしどしと復讐する様子に喜んでいるし、幕末には毒婦《どくふ》（人を騙したり陥れたりする性格の悪い女）ブームが起きて、それこそ女伊達に匕首《あいくち》（短い剣）を懐に呑み、悪事を重ねる「妲己《だっき》のお百《ひゃく》（日本最大の悪女と評される女性）」が大流行した。火消し衆の間では、妲己のお百の刺青が男伊達の証だったともいう。

歌麿は、そんな江戸の娘達が持つ侠を描いた。この侠こそ、江戸っ子たちが求める姿だった。幕府から「町娘の名を入れてはいかん。風俗が乱れる」と禁止令が出ても（まあ、素人の女性の名を入れないという倫理観の方がまともなのだが）、既に歌麿のおきたとおひさの描き分けを知っている大衆は、名前が入らなくても何の問題もなく、歌麿もヒントを入れるなど、幕府からの追及をクイズのように楽しんでいた節が見られる。

彼女たちも幕府からのお咎めも何のその、モデルを続けた。店にも出続けた。

あどけなさが売りのおきたは、人気が出てからは店には出るが、茶を運ぶのはヘルプの茶屋娘となった。怒った客が店に糞尿をぶちまけるという大迷惑な行為に走ったが、これでますます評判となり、客が以前にも増して押し寄せたという。

おひさのほうは、裕福な商家が目に付け1500両で貰い受けたいと申し出たが、きっぱりと断った。「金で買われる女じゃないんだよ」というところか。

歌麿が描いたのは、ただの可愛い、美人で清楚な人形ではない。封建制度と男社会の中で生き抜く市井の女性達の、強さと美しさだった。茶屋で働く娘達の伊達と侠に、歌麿はどうしようもなく惹かれてしまったのだ。

もう一人の蔦重・烏亭焉馬《うていえんば》が浄瑠璃に書いた男伊達

絵に描いたような江戸っ子職人は芸能界の兄貴分

蔦屋重三郎は多くのクリエイターを育て、彼らは一時代を築くまでとなった。その男伊達は現在に至るまでこうして伝えられているが、もう一人、同時代の芸人達を育て、名を残した人物がいる。烏亭焉馬だ。

烏亭焉馬は「落語中興《ちゅうこう》の祖《そ》」と呼ばれる。元禄期に衰退した江戸落語を復活させ、自らは「立川焉馬《たてかわえんば》」を名乗り、噺を創作し演じた。弟子には朝寝房夢羅久《あさねぼうむらく》、初代立川《たてかわ》談笑《だんしょう》、初代三遊亭圓生《さんゆうていえんしょう》などがおり、現在も名跡が残る。京伝や馬琴の次世代作家である、式亭三馬や柳亭種彦《りゅうていたねひこ》も門弟《もんてい》として面倒をみた。四世市川團十郎《いちかわだんじゅうろう》に出入りし、五世団十郎とは義兄弟となり、七世団十郎の後ろ盾となって市川家をもり立てたという。

そんな烏亭焉馬の本業は、大工の棟梁《とうりょう》。祖父の代から江戸本所相生町《ほんじょあいおいちょう》（現在の東京都墨田区）に住むという、三代続けて江戸生まれの大工という、絵に描いたような江戸っ子職人だ。江戸時代、大工や左官、鳶《とび》は花形職業で、危険が伴うことも多く男伊達の世界である。棟梁ともなれば若い衆の面倒も見るし、内弟子とすることもある。落語『大工調べ』では、与太郎のために家賃を用立てたり、大工道具を取り返そうと大家に啖呵を切ったりなど、江戸落語らしいシーンがあるが、焉馬もまた、落語に出てくる大工の棟梁・政五郎そのものだ。

焉馬は大田南畝宅の普請《ふしん》（建築工事）を手がけたほか、幕府の小普請方《こぶしんかた》（幕府所管の建物の造営修繕をする役職）も務めた。そういう縁もあったのだろう、幼い頃から芝居や芸事を好んだ焉馬は自ら浄瑠璃を創作し、小普請方を退役して町大工に戻った天明6（1786）年、南畝ら狂歌師との交流を始める。この狂歌交流が焉馬の活動を支えることとなるのだが、こうしたことも重三郎とよく似ている。重三郎のところで富本節正本を執筆しており、この時の挿絵が勝川春朗（葛飾北斎）だ。やはり、狂歌を通じて知り合ったのだろう。当時、狂歌会はビジネスサロンの役割も果たしていたのだ。

同年、南畝や朱楽菅江、宿屋飯盛、鹿都部真顔《しかつべのまがお》といった錚々《そうそう》たる狂歌師メンバーで、創作落語の会「噺の会」をスタートさせる。これが流行し、落語復興へとつながり、団十郎後援会「三升連《みますれん》」が「咄《はなし》の会」と結びつき、焉馬は文壇と芸能に影響を与える人物となっていく。

しかし、根っからの江戸っ子、戯作者や芸能を目指す者達を庇護《ひご》し、前述したように三馬や種彦を門弟として育てた。団十郎以外の役者も後援し、役者間のいざこざや仲裁なども行い、75歳の文政元（1818）年には、鶴屋南北のスケとして河原崎座に出勤している。重三郎が出版王なら、焉馬は大衆演芸の兄貴といったところだろう。

焉馬が見た在りし日の吉原　忘八《ぼうはち》が見せた男伊達

焉馬が安永9（1780）年に書いた浄瑠璃『碁太平記白石噺《ごたいへいきしろいしばなし》』は、最も有名な焉馬作品のひとつだ。タイトルの通り太平記ものなのだが、敵討ちを決意するのは姉妹であり、そこには焉馬の美学が描かれている。

太平記の時代。妖術《ようじゅつ》（魔術）使い楠原普伝《くすはらふでん》は南北朝の動乱に乗じて天下を奪おうと企む。普伝の弟子・志賀台七《しがだいしち》は普伝から天眼鏡を譲り受けるが、普伝の企てを知り普伝の首を討つ。台七は天眼鏡を水田の中に隠したが、これを百姓の与茂作《よもさく》に見つけられ殺害。後日、与茂作の家に金江谷五郎《かなえたにごろう》が訪ね、この家の次女であるおのぶと話をするうちに、長女・おきのが谷五郎の許嫁であることがわかる。しかし、おきのは年貢未納の形《かた》として、宮城野《みやぎの》と名を変え吉原に身を沈めていた。谷五郎は、おきの・おのぶの姉妹に仇を討たせることを約束する。

姉である宮城野を尋ねておのぶは江戸の吉原に向かう。姉妹は再会し、仇討ちを決意。すぐに吉原を抜け出そうとする姉妹に、浅草で売られそうになったおのぶを助けた揚屋・大福屋惣六《そうろく》が、宮城野の年季証文《ねんきしょうもん》（定められた期間働くという旨を記した証文）と大門の切手（女郎（遊女）ではない女に発行される公式文書で、これを吉原大門の入口で見せると通してくれる）を与えて吉原から出してやる。

おのぶは「信夫《しのぶ》」と名乗り、剣術の修行に励み、みごと仇である台七を討つ。宮城野と谷五郎は祝言をあげ、南北朝の和睦《わぼく》を達成させる。

勧善懲悪譚《かんぜんちょうあくたん》に妖術使いが登場し、姉妹が仇討を遂げるという、後の鶴屋南北を彷彿とさせる内容だ。姉妹で仇討、妹は「しのぶ」と名乗り剣術の修行に励むなど、設定が『鬼滅《きめつ》の刃《やいば》』っぽい。あっちは鬼だが、こちらは妖術使いだ。やはり、面白い物語は今も昔も根本的な形は同じなのかもしれない。


この『碁太平記白石噺』は、主に七段目「揚屋」が独立して現在でも上演されている。「揚屋」は、江戸に下ったおのぶが宮城野と再会し、仇討を決意する段だ。

ここで見どころなのが、惣六の男気だ。妓楼の主・惣六は、仇討をするために吉原を抜け出そうとする姉妹の会話を聞いてしまう。しかし、吉原の遊女は借金を返さねば抜け出すことは絶対に出来ない。必ず見つけられてひどい折檻《せっかん》（体罰などの処罰）を受けるだろう。そうなれば、仇討はおろか、宮城野は一生外に出られない。

惣六は姉妹に『曽我物語《そがものがたり》』になぞらえて「急《せ》いては事をし損じる。時期が来るのを待て」と説得する。そして、宮城野の年季証文と大門の切手を与えて廓を出してやる。

この、姉妹の再会のシーン、そして惣六の危険を顧みない男伊達が人気となった。

安永9（1780）年といえば、十八大通たちが粋と洒落の遊びで世間の注目を集めていた頃だ。ただ豪快に遊ぶだけでは半可通。そこには、悪をくじき弱きを助けるという男気がなければならない。

焉馬はこうした彼らを見てきただろうし、自身も江戸の大工の棟梁という矜持《きょうじ》があっただろう。そんな江戸が誇る男伊達を、焉馬は揚屋の主人、つまり忘八に託した。八つの徳目を失った生き物と呼ばれた彼らの中に、遊女の足抜けを手助けするような人情に厚い男伊達が果たして本当にいたのか、それは定かではない。

しかし、焉馬にとって男伊達とはそういうものだった。金の有無や身分など関係ない。そこにあるのは、心意気だけだ。

本物の十八大通が徐々に忘れられていく中で、焉馬が描いた男伊達。以後、焉馬自身も、粋と伊達を張り通した。

焉馬は大いに走りまわり、80歳の天寿を全うした。葬儀には噺家、役者、戯作者、狂歌師ら1500人が参列したため、見物人で人垣ができたという。

7章

穿《うが》ちの作法

洒落にならない褒め殺し「なんて良い時代だ」天下一面鏡梅鉢《てんかいちめんかがみのうめばち》

真実を見抜いた物語「黄表紙」

天明期に最高潮を迎えた黄表紙の手法に「穿ち」があった。黄表紙は安永４（１７７５）年、恋川春町の『金々先生栄花夢』から始まる。これまでの黒本や青本といった子供向けの絵本とは違い、社会風刺やブラックな笑い、ナンセンス、そして穿ちがあった。大人向けのコミカル漫画といった内容だ。しかし、寛政の改革を経て内容は緻密になり、物語は長編化し、文化３（１８０６）年、式亭三馬『雷太郎強悪物語《いかずちたろうごうあくものがたり》』に至って勧善懲悪物のシリアスな劇画調コミック（黄表紙の体裁を数冊綴じ合わせた合巻）となった。

黄表紙が読まれた期間は約30年。短いようで長いような気もするが、30年前と令和の今では随分と漫画も小説も変わっているのだから、そういうものかもしれない。
30年間に出版された黄表紙は約2000種類で、主に町人や下級武士が楽しんだ。位置づけとしては週刊青年誌といったところで、江戸独自の本だったことから、地方への江戸土産にもなった。新刊は正月に売り出され、風物詩でもあった。

さて、「穿ち」とは当時の言葉であり、現在だとイマイチわかりにくいだろう。「物事や人情を的確に捉え指摘する」という意味で、これが「穴を穿つ」となると、「人が気付かない重要な点や欠点を、裏面からとらえたり、指摘したりする」意味となる。元々の意味が「穴を掘る」で、これが転じて「物事を深く掘り下げ、真相を見抜く」となる。「うがった見方」というのは、物事の本質を捕らえた見方という意味で、疑ってかかるという意味ではないのだ。

黄表紙の作家達は、そんな本質を見抜く目で社会を見て、物語にしたためた。半可通の主人公が周りにおだてられてその気になってしまう『江戸生艶気樺焼』、不謹慎な笑いの中にも本音が見え隠れする『大悲千禄本《だいひのせんろくほん》』、生まれては忘れられていく流行言葉を風刺した『辞闘戦新根《ことばたたかいあたらしいのね》』など、読者は作者の穿ちの視点に感心したり、反論したりしながら絵と共に楽しみ笑った。

黄表紙は、馬鹿馬鹿しくも怖くて可笑しい、しかしその意味を理解するには一ひねりある、高度な文学だったのだ。

逆さまの趣向で繰り返される究極の嫌み

こうした、ある意味他人のことだから笑えたナンセンスな黄表紙は、穿ちも風刺も全て削除へと追い込まれる。人々は不謹慎な笑いを禁じられ、「不要不急」は不要一択とされ、大衆の笑いは禁じられた。寛政の改革による出版統制である。

実用及び教養以外は社会を乱すとされ、大衆の娯楽は十把一絡げ《じっぱひとから》げ（様々なものを大雑把にひとまとめにすること）で統制の対象となった。

恐らく、幕府（というか松平定信的に）は、「笑いがダメ」というよりは、町人や下級武士による「穿ち」が都合悪かったのだろうと思われる。大衆は、本質を見抜く必要はない。武士の借金が帳消しとなり、庶民達は文句言わず働き、米を作り、武士の生活さえ安定してくれれば、それでよかった。「武士あっての庶民の生活だ」などと、彼らはまだ思っていたのだ。少なくとも、江戸っ子達にはそう見えただろう。

しかし、文句を言えば手鎖50日で、そこまでいかなくても定信に向けた「チクリ冊子」……もとい『よしの冊子《ぞうし》（松平定信の家臣が世情を定信に伝えるために記録した書物）』に記載され、いずれお上の鉄槌《てっつい》をくらうかもしれない。作家も版元も、新しい出版に二の足を踏むのは当然だ。

そこを、重三郎は「誰も出さないんなら、俺が出すしかねェだろう」と、あろうことか田沼意次から松平定信の政治交代劇、寛政の改革を「穿つ」黄表紙を続々と刊行した。庶民達は喜んだ。「さすが俺たちの蔦重だ！」。しかし、朋誠堂喜三二は戯作の筆を折り、恋川春町は力尽きた。重三郎にとって、葛藤の日々が始まる。

そんな耕書堂から出たのが、唐来参和の『天下一面鏡梅鉢《てんかいちめんかがみのうめばち》』であった。

唐来参和は志水燕十《しみずえんじゅう》と同一人物とされており、次の章で詳しく述べるが、重三郎とは義兄弟の盃《さかずき》を交《か》わした（一緒に酒を飲んで親交を深めた）間柄である。それなりの御家の武士なのだが、天明年間にいろいろあって町人身分となった。そんな一癖ある人物が書いた『天下一面鏡梅鉢』は、現在進行形の寛政の改革、松平定信そのものへの穿ちだ。

醍醐《だいご》天皇の御代、右大臣菅原道真《うだいじんすがわらのみちざね》は万機《ばんき》の政（重要な政務）を補佐し、天下は治り「延喜聖代《えんぎのせいたい》」といわれた。この御代に吾妻《あづま》のみちのく山や佐渡の金山が噴火して諸国へ金銀が三日三晩降り続けた。人々の喜びやこれいかに。まさに仁政《じんせい》（思いやりのある政治）の賜であり、五穀豊穣《ごこくほうじょう》（穀物が豊かに実ること）。あまりに豊かなので鼠も泥棒もいなくなり、人々は「こんなにめでたくて平和なのだから戸などいらん」と、家々の戸を打ち壊した。菅原公は文武を奨励したので、吉原の客や花魁、浮浪者もその気になって勉学に励んだ。

やがて聖代の象徴である麒麟《きりん》が見世物に登場し、鳳凰《ほうおう》が飛んできた。オランダ、朝鮮、琉球、明、天竺からも貢ぎ物を携えて行列で来朝するようになった。

天明期（1781～1789年）から寛政期（1789～1801年）初期にかけて、浅間山の大噴火、凶作《きょうさく》（農作物の出来が非常に悪いこと）と飢饉、米価高騰、打ちこわし（生活に苦しむ人たちが集団で起こした暴動）と、のっぴきならない社会情勢だった。洒落だの通だのと、本当は言ってられない時代だったのだ。

喜三二も春町も、敢えて書かないところを、参和は堂々と書いた。書いた結果が本作で、あからさますぎて幕府の目の付くところとなり、即刻発禁となった。しかし、発禁となるまでは「袋入りになって市中を売り声を上げて売り歩いた（『近世物之本《きんせいもののほん》江戸作者部類《えどさくしゃぶるい》』より）」そうで、重三郎の命知らずがすごい。人々も喜んで買って読んだ。三和の穿ちがわかりやすかったため、大好評となったのだ。

本作では悲惨な社会情勢を全て逆さまの趣向にして「素晴らしいですね！」と賞賛している。しかもそれに挿絵がついているため、それも読み解く必要があるのだが、挿絵もなかなかツッコミどころが満載だ。

のっけから登場する醍醐天皇が、ヤニ下がる（ニヤけている）形で煙管を吸っていて、遊び人風。当然、十一代将軍徳川家斉の見立てであり、そうなると菅原道真は松平定信である。つまり、「この本は、今の時代のお話ではなくて、平安時代のことですよ」と逃げつつ、「立派な今世の将軍はこんなんじゃありませんよね」と、本作が逆さまの趣向であると読者に知らせているのだ。

金山銀山が噴火して五穀豊穣となったというのは、浅間山の大噴火の降石降灰による不作と恐慌を逆さまにしている。挿絵とセリフでは「豊作にて来年の年貢（租税）も納められます」と言わせつつ、後ろでは子どもと母親が「かかさま、飯をくれ」「無理なことを言うとお役人に縛ってもらうよ」と、現実を見せる。いくら鈍い読者でも役人でも、そろそろこの辺りで気付くだろう。

豊かになったことで泥棒がいないからと戸を壊して回るのは、言わずもがな打ちこわし。山東京伝の弟で作家の京山は、米屋の前には破れた米俵が散乱し、戸は壊され屏風《びょうぶ》や障子《しょうじ》が持ち出され、家の中がすっかり見渡せるほどだったという。

全ての人が金持ちになった図として、浮浪者が豪華な着物を着て「百両しかめぐんでもらえなかった」と嘆く。吉原では遊女がかんざしで手裏剣《しゅりけん》の稽古、客には漢詩でラブレターを送る。芝居は世話ものから儒学の問答ものに変わって大入りとなる。

見世物に登場する麒麟は、仁のある政治が行われている時に現れる神獣で、仁のある政治を行っているのは松平定信であるという、いわばヨイショである。

しかし、これまでの内容を見るにつけ、嫌みとしてしか読めない。一方で、麒麟は泰平《たいへい》（平和な世の中）とは言えない世に聖人が現れる「予兆」という説もあり、こうなると読み手の解釈によって意味が変わってくる。

貢ぎ物を持った各国の行列の先頭は、「大明」となっている。本作の時代なら「明《みん》（1368〜1644年の中国の王朝）」で良いのだが、明は既に滅亡している、行列を先導するのは「清道《せいどう》」で、これが大明の前に当然立っていて、明を滅ぼした、「清《しん》（1644〜1912年の中国の王朝）」を思わせる。転じて、田沼を失脚させた定信か、それとも定信の失脚を予測しているのか。麒麟の解釈によってこれも読み解きが変わるのである。

実は似たような趣向で、山東京伝が『孔子縞于時藍染《こうしじまときにあいぞめ》』を書いている。こちらは注意深い京伝のことなので、絶妙なうやむや加減で執筆したため発禁を免れている。「わかる人にはわかる」という、穿ちの真骨頂で書いた京伝の方が、本来の粋な風刺といえよう。

しかし、そんな生ぬるさは却ってとするのが唐来参和という人物だった。「はっきっきり言わないとわからない」場合は、はっきり言うのに限る。それでもわからないんだったら、何を言っても無駄なのだから諦めるしかない。そうやって、参和自身も生きてきた。こそこそ逃げながらご機嫌を窺うのは性に合わないのだ。

庶民達も、京伝の奥歯に物が挟まったような洒落た黄表紙よりも、わかりやすくダイレクトにもの申す参和の方を好み、喝采した。だからこそ、幕府が処罰せざるを得なかったのだが、参和も重三郎も「どんとこい」だったし、むしろ発禁となったところで本作が「的を射た」と証明されたわけで、結果オーライだったのだ。

オタク文化は古から擬人化で真相を表現

擬人化は日本の文化

日本人は擬人化が大好きである。神話もなんだったら擬人化である。記憶に新しいところでいうと、『令和ちゃん』があった。

ちょうど令和元年頃は異常気象による気温の変動が顕著で、これを「令和ちゃんは生まれたばかりだから加減がわからないんだよね」「平成兄さんの引き継ぎ、短かったんだね」と擬人化したのだ。Twitter（今のX）にはたくさんの幼女の令和ちゃんが登場し（これもどうかとは思うのだが）、何となく「まあ、仕方ないか」となった。擬人化恐るべし。

ところが、令和も4年、5年となってくると、「業務に就いて3年経ったんだからそろそろ仕事覚えようか」と、いきなり職業人にさせられていた。これを見ても「まあ、それぞれ得手不得手があるしな」と、気温40度も納得させられてしまった。擬人化することで、令和という人物に共感したり、批判したりするのである。

擬人化は「穿ち」の手法として、わかりやすくて平和だ。どうにもならない理不尽を擬人化することで彼ら（？）に意識が向けられ、実際に生きている人々を傷つけることはない。

地球温暖化は紛れもなく人間の所業であり、誰に怒りをぶつけても過去の人間に戻ってくるだけなのを、「令和ちゃんは生まれたばかり」にすることで、「しょうがない、教えてあげよう。夏は暑くても28度までだよ」と、令和ちゃんを諭すように己に言い聞かせ、省エネや環境課題の解決に励むのである（熱中症には注意！）。擬人化は穿ちの手段であり、理不尽への不満をいなす知恵であり、萌えに転換して生きやすい社会を作ろうという希望でもあるのだ。

黄表紙の題材として擬人化は大いに流行した。擬人化が人気キャラとなった例に、山東京伝の『心学早染草』（寛政2（1790）年、初版は大和田安兵衛）がある。

心学の流行に便乗した教訓黄表紙で、「善い心＝善玉」「悪い心＝悪玉」として、「目玉親父」みたいなキャラたちが主人公の行動を導く。善玉悪玉キャラは大流行となり、これに続けとあらゆる版元が善玉悪玉もどきの黄表紙を出した。

ところが、日本人というものは判官《ほうがん》贔屓で、悪玉のほうが流行してしまった。人の心は悪心あるからこその尊さか。

悪玉踊りが巷《ちまた》で生まれ、京伝は悪影響を懸念して『心学早染草』の再版を断った。北斎が悪玉踊りを

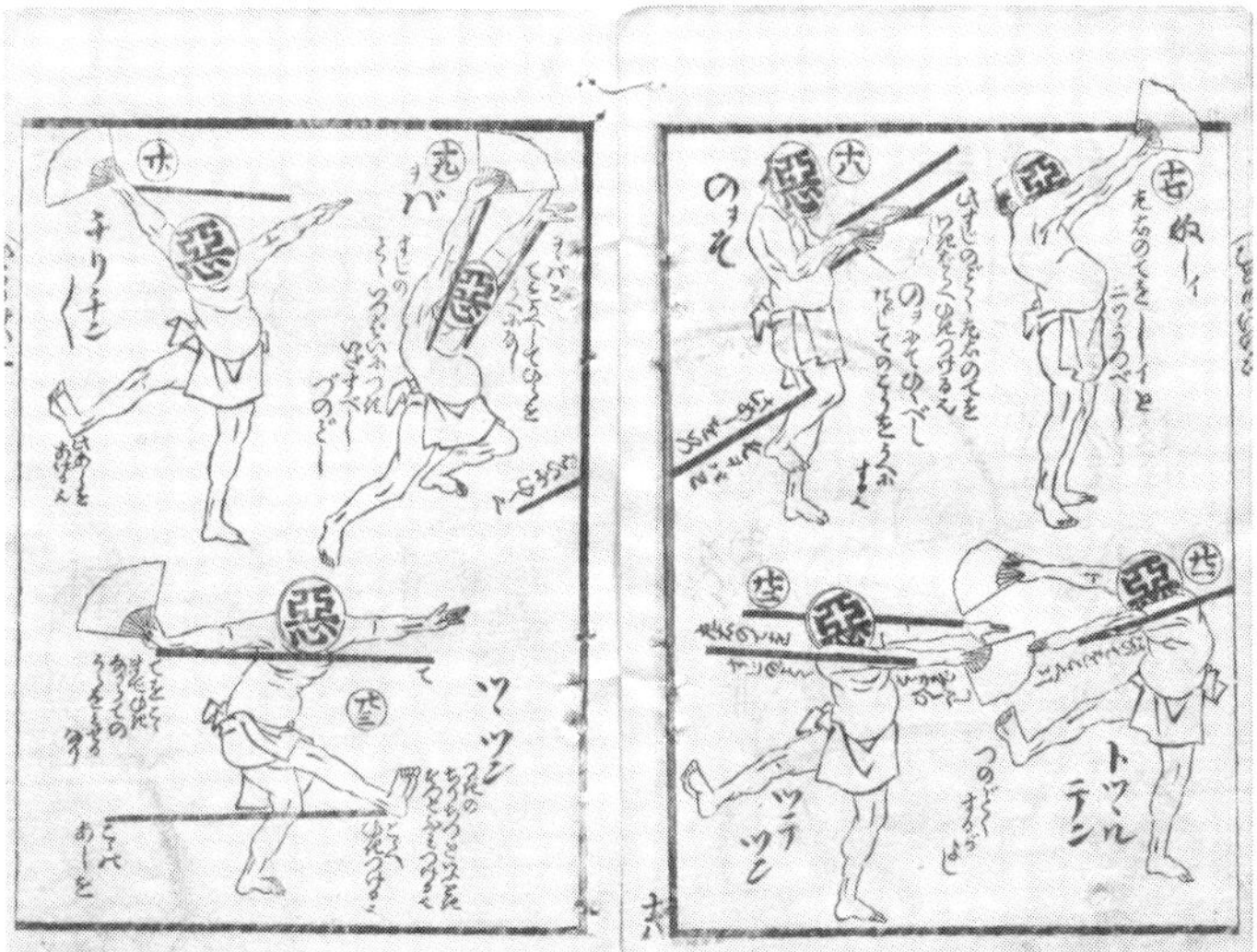

葛飾北斎『踊獨稽古』より｜出典：国立国会図書館デジタルコレクション

『踊独稽古《おどりひとりげいこ》』という踊りの教本に描いている。「悪」と書いた面を付けるらしい。

現れては消えゆく流行と時世

流行を捉えて鋭く穿ったのが恋川春町の『辞闘戦新根』である。本作は重三郎の耕書堂ではなく、安永7（1778）年に鱗形屋孫兵衛から出版された。

この前年、重三郎は書肆として鱗形屋から独立しており、かげりが見え始めた鱗形屋にとって、春町の執筆はありがたかっただろう。春町も自身が持つ鋭さを存分に発揮しており、時代の移り変わり、つまり出版界が鱗形屋から蔦屋重三郎に変わる状態を、流行言葉に見立てているようにも思える。

古今の流行語「大木《たいぼく》の切口太いの根」「どら焼・薩摩芋」「鯛の味噌吸《みそず》」「四方《よも》の赤」「一杯飲みかけ山の寒鳥」「とんだ茶釜」たちが集まっている。

大木の切口が言うことには、「我々は出版界の人気者のはずなのに、本作りの職人達は我々をねぎらおうとしない。ここは化物になって思い知らせてやろう」。これを聞いた時代遅れの流行語、とんだ茶釜は「こりゃ大変」と、鱗形屋でお蔵入りとなっている唐紙表紙の正本、薄雪、烏帽子折《えぼしおり》、金平兜論《きんぴらかぶとろん》らに伝える。

大木の切口らは化物になって職人達を襲う。職人達が逃げた蔵の扉を開けると、そこには正本の主人公、坂田金平《さかたのきんぴら》、渡辺の武綱《たけつな》、牛若丸《うしわかまる》（源義経）、鉢《はち》かづきが現れ、化物を退治しようとする。そこへとんだ茶釜が現れ、化物は引く。彼らが消えたあとには、この顚末を記した本が残っていた。

流行語の意味はそれぞれ、「大木の切口太いの根」はずうずうしい、「どら焼・薩摩芋」は美味しい、「鯛の味噌吸」は飲む、「四方の赤」は酒の銘柄で飲むの意味、「一杯飲みかけ山の寒鳥」は一杯飲む、「とんだ茶釜」は当てが外れた、である。

「とんだ茶釜」だけが死語扱いなのだが、これは鈴木春信も描いた茶屋の看板娘、笠森お仙にちなんでいる。お仙はある日突然嫁いだため、お仙の顔見たさに茶屋に行ってみると、そこには頭が禿げ上がった薬缶頭《やかんあたま》（はげて薬缶のようにツルツルになった頭）の親父が座っており、「茶釜が薬缶に化けた」と驚き嘆いたというわけだ。

安永7（1778）年頃であれば、「とんだ茶釜」の流行は8年前ほどであり、今

でいうところの「ナウい」どころではなく、「安心してくださ
い、穿《は》いてますよ」とか「今でしょ！」といった微妙な古さだったのではないか。時の流れは恐ろしい。

物語は、「誰のおかげで食えてると思ってるんだ」と傲《おご》る流行語達を、古式《こしき》ゆかしい書物や言葉たちが諌《いさ》める内容となっている。化物となって職人達を襲う流行語たちに、『御伽草子《おとぎぞうし》』の主人公である坂田金平が諭《さと》すセリフが、いろいろと考えさせられる。

「今の世の中は何でも洒落るのが良いことだと思われているから、お前達のような一発屋でも本に載せてもらえるのだ。俺たちがこの世に出始めた頃は下品な言葉なんて使わなかったし、『薄雪物語《うすゆきものがたり》』や『猿源氏《さるげんじ》』といった作品には、古い有名な歌を運用したものだ。今の時代だからこそ、お前達に需要があるのだから、自覚して謙虚でなければならぬ。まあ、今は地口や洒落がなければ面白くないという読者も多いのだから、今日のところはこれで勘弁してやる」

「今時の若いもんは」とか、「最近の言葉は品がない」とか、この頃から言われてい

たことがわかる。しかし言葉は生き物であり時代と共に変化すると、理解も示している。流行語達が「茶釜様の言うことを聞かず、今では大変後悔しております」と謝罪するのだが、「とんだ茶釜」は微妙な流行遅れの立場なので、流行があっという間に去ること、天下が長くは続かないと悟っていたのだ。そこに「一杯飲みかけ山の寒烏」が「こんなことになるだろうと思っていました。一言も中橋京橋おまんが紅《べに》」と、享保期（１７１６〜１７３６年）に流行した紅粉を使った「一言もない」の地口。言った先から反省していない。

『金々先生栄花夢』からたった3年で起こった新旧の交代劇。自分の本で一躍地本問屋のトップとなり、身内のうっかりで屋台骨が傾いた鱗形屋が、とんびならぬ蔦屋にその座を絡め取られていく様子を、春町は複雑な思いで見ていたに違いない。

大衆の興味は移ろいやすく、古いとされたものは記憶に残らない。誰が悪いわけでもない。これも人の営みだ。こうした憂いをも、茶化さねばメディアに乗らない。メディアの最前線に居ながらにして、やってのける春町のセンスは抜群に鋭い。

罰当たりだから面白い！千手観音がレンタル業

不適切はタブーだからこそ面白い

昭和後期生まれなので、物心ついたときからテレビからは不適切な笑いが垂れ流されていた。『8時だヨ！全員集合』のドリフのコントで笑ってきたし、『オレたちひょうきん族』でも笑った。平成に入ってからも、不適切のオンパレードだった。

いつしかテレビを見なくなって、久しぶりにテレビを見てみたら、幼い頃のアニメやコントは不適切なシーンが多くて放送禁止状態になっていた（人形劇なんかはフィルムがないということもあるのだろうけど）。まあ、永井豪先生の『キューティーハニー』はあのまんま再放送出来ないのはわかる。『ドラえもん』のしずかちゃんの入浴シーンもなくなっていた。『水戸黄門』の特段意味のない由美かおる氏の入浴シーンはともかく、「10代で小学生のしずかちゃんの入浴シーンは確かにあってはならぬな」と思うほどに、自分の考えも変わっていた。

最近、少しずつドリフのコントを「不適切！」と言いつつも流すようになり、これを見て令和の子ども達が笑っているのを見ると、そうはいってもやはり人は、不適切やタブーというものに興味があるのだなと思う。

江戸時代の、というか太古から、物語は不適切だらけではなかったか。『古事記』とか、あれは神様だから許される所業だろう。『源氏物語』も、平安時代の風俗とはいえ光源氏の女性関係はいろいろといかんだろう。『今昔物語集』もいろいろと最悪で、しかし、だからこそ人々の興味を引き、語り継がれてきたのだ。

大衆文化にはこういったタブーが付きもので、歌舞伎は今でこそ「伝統芸能の親方」みたいな顔をしているが、もともと遊女の色っぽい踊りが発祥で、芝居では容赦なくそういったシーンが演じられてきたため、幕府が何度も禁制してきた。落語も伝統話芸とされているが、相当下世話な噺があった。

文学も同様だ。元禄期の名作と言われる浮世草子の『好色一代男』は、「好色とは好ましい恋愛センス」という意味で使われているらしいのだが、いろいろとひどい。では時代が下れば少しまともになっているかと思いきや、十返舎一九の『東海道中膝栗毛《とうかいどうちゅうひざくりげ》』はやっぱりえらいことである。洒落本だって、R18じゃなくなったからといって、書いているのは女郎買いなのだ。

しかし、それが「面白い」「雅」「力の象徴」「大衆の代弁」と思われてきた時代が確かに存在していたのである。

それにつけても金の欲しさよ

これ以上の不適切はねえだろうという黄表紙があった。千手観音《せんじゅかんのん》が一切の衆生《しゅじょう》（生き物、人間）を救う己の手を有料レンタルして金を稼ぐ、芝全交《しばぜんこう》の『大悲千禄本』だ。天明5（1785）年、蔦屋重三郎版。挿絵は北尾政演、つまり山東京伝なのだが、くすぐりがいろいろとひどい（褒めてる）。

芝全交という人は芝居も戯作もやるという、とにかく多芸多才だったそうで、性格も明るく滑稽を好み、現代で言えばタレント業みたいなものだったのだろうか。京伝と同様に町人作家として活躍し、江戸っ子好みのさっぱりした笑いと奇抜な発想で人気を博した。京伝もナンセンスな黄表紙を書いているが、芝全交の方は粋だの洒落だの作り込んでいない、特にウケを狙うつもりもないのだが、読み手をよく笑わせるという、天から降ってくる滑稽が持ち味だと感じる。うらやましい限りである。

あらすじは次の通り。

千手観音とて不景気には勝てず、手のレンタル商売を始めた。

千の手は、面皮屋千兵衛《つらのかわやせんべい》という食わせ物と、てれめんてい兵衛に切り取らせた。腕1本につき1両。文字通り、千両の「手切れ金」である。

千手観音が御手を貸し出すと聞いて、手が欲しいと言う者が、質屋に集まってきた。「一ノ谷《いちのたに》の戦《たたかい》い」で右腕を斬られた平家の大将・薩摩守忠度《さつまのかみただのり》は「借り人知らずとしておいてください」とやって来た。

他にも、渡辺綱に片手を斬り落とされた鬼の茨木童子《いばらきどうじ》、端役のため腕を付けてもらえない文楽《ぶんろく》の捕手の人形、手のない（手管《てくだ》が下手な）女郎、てんぼう政宗、字の書けない者、三味線弾きの手習いなどがいる。

鬼の茨木童子は千手のすべすべした手では迫力が出ないと、神田駿河台の人形師である与吉に毛を植えてもらうことにした。「私の妻も、今ではモジャモジャです」。

薩摩守忠度は、腕を借りてきたは良いがうっかり左手を借りてしまったので歌を詠んでも鏡文字になってしまう。遊女は千手でうまく客を悦ばせていたが、時間だと禿《かむろ》（遊女の使う幼女）が手を回収。字が書けない者が証文を書いてみたが仏の手だけあって梵字《ぼんじ》（梵語を記すための文字）しか書けず役に立たず。金を払っているのだからただで返すのも損だと、爪に火を灯してロウソクの代わりにした。

そのころ坂上田村麻呂《さかのうえのたむらまろ》が、鈴鹿山の鬼神《きじん》を退治せよとの勅命《ちょくめい》（天皇の命令）を受けたため「ひとたび放せば千の矢先、雨あられとふりかかって」のシーンに必要だと、千手観音の元にやってきた。「今、全部貸し出しなのだけど、そういうことならすぐに集めましょう」「割引してくれるとありがたい」。

千兵衛が返ってきた御手を調べると、女郎に貸した手の指が心中立て（約束を守り

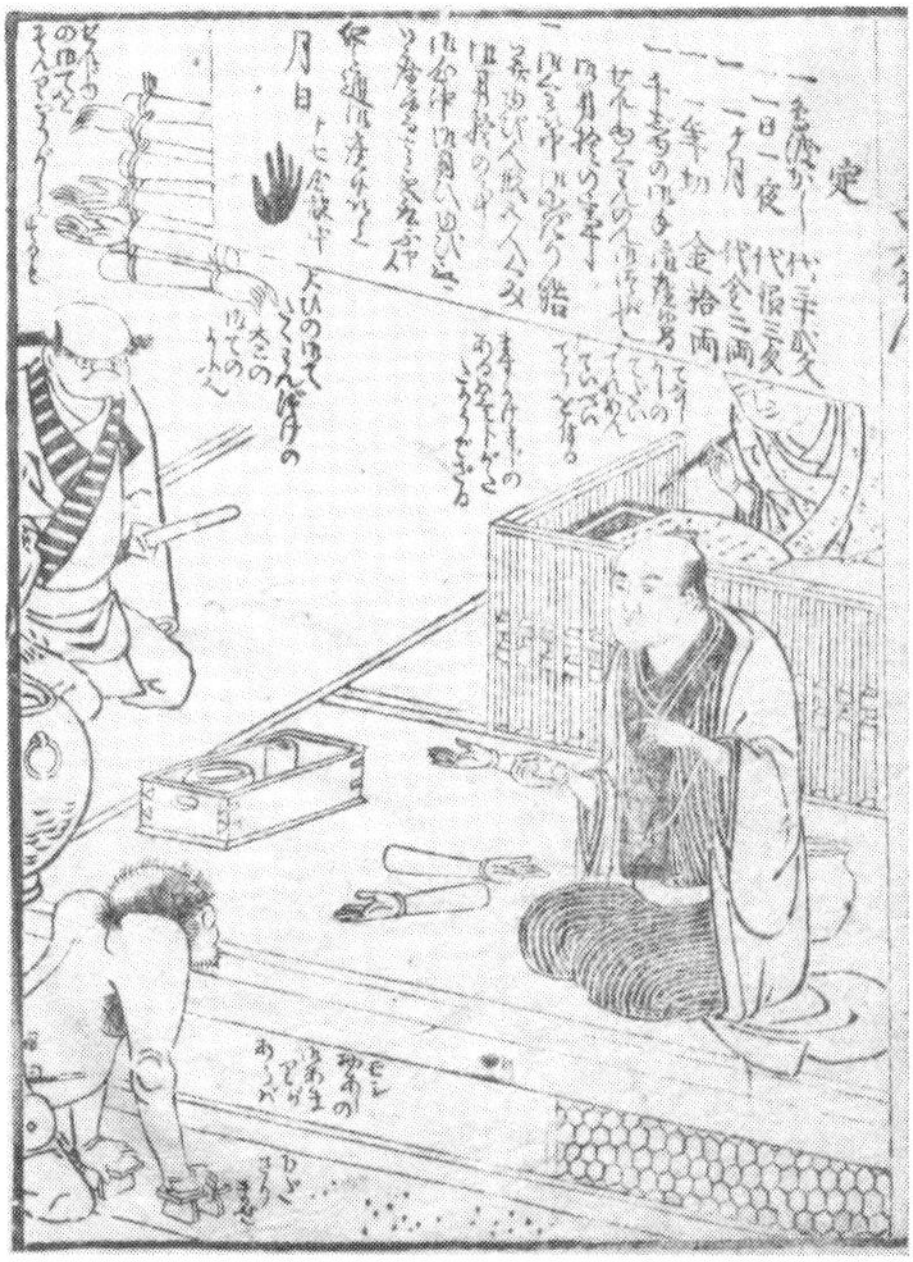

〈千手の御手　レンタル料〉
ちょっと貸し……32文
一昼夜……銀三匁
一ヶ月……金二両
一年貸切……金十両
※御手を使った千手観音つぶし（シラミつぶし）はご遠慮ください
※下半身に突っ込んでのおにぎり結び（自分の玉を握ること）、指人形五人組（男の自慰。女は二人組）は禁止です
※心中で使用した指が足りない手は返却できません

芝全交『大悲千禄本』より｜出典：国立国会図書館デジタルコレクション

通すこと）でなくなっており、塩屋のは塩辛く、紺屋は青い。剛毛が生えているのもあるし、なんだか指から妙な匂いがする御手もある。

「では、田村殿、鬼退治が終わったら返してね」「八本で一両のレンタル料で返しに来るね」「ご武運を！」「さらば！」

いざ、鬼神退治に向かう田村丸。手手んてんてんてん……。

内容はナンセンスが過ぎるし、挿絵はいらんところで芸が細かいし、最悪だ（褒めてる）。

千手観音が「金がないから稼がにゃ」と、有料で救いの手を貸し出すというのがそもそも罰当たりが過ぎるのだが、他にも罰当たりな話はあって、地蔵菩薩《じぞうぼさつ》・蛸薬師《たこやくし》・寝釈迦《ねしゃか》が品川の遊郭で遊ぶ『当世大通仏開帳《とうせいだいつうぶつかいちょう》』、孔子・老子・釈迦が廓で遊び、釈迦が遊女と駆け落ちして三途の川を渡るという『聖遊廓《ひじりゆうかく》』がそれだ。釈迦が駆け落ちする際の書き置きが梵字なので誰も読めないというギャグがあり、本作でも梵字ギャグが使用されている。お約束だったのか。

罰当たりでナンセンスで、下世話な下ネタもご丁寧に入れた、どうしようもなく不謹慎な話なのだが、ひとたびレンタルしていった人々の事情を見てみると、そこに悲喜交々が見えてくる。

歴史に名句を残したくても文字にならなければ残せない、文字になっても読まれなくては意味がない。

己の悩みを解決できるのは己のみ。千手観音の御手を以てしても、根本的な問題の解決にはならないのだ。

と、教訓めいたことも書いているのだが、本作の穿ちは仏様も困るほどの不景気と、ヒーローですら先立つものがなければ鬼退治もできないという、重商主義の弊害や賄賂とも言われた田沼政治へのちょっとした批判であろう。

不謹慎な笑いの中に巧妙に社会風刺を込めており、そう考えると結構高度な黄表紙ではあるまいか。

8章

笑いの作法

笑いにせにゃ、やってられない世の中だから

笑いの歴史と効能

人間だけが笑うという。一部の猿人類も笑うらしいが、専門家ではないのでそのあたりは各自調べていただきたいのだけど、人間は笑うことで感情を処理し、伝えてきたと思われる。赤ちゃんも、生まれて3ヶ月にもなれば笑顔を見せる。親は子の笑顔を見て、喜び安心し、幸せであれと願う。そうやって、人は生きてきた。

笑う文化もやはり古く、なんだったら神様の時代からある。『古事記』に記録されている「天岩戸伝説《あまのいわとでんせつ》」では、閉じこもってしまった天照大御神《あまてらすおおみかみ》の興味を引こうと、天《あめ》宇受賣《のうずめ》命が舞い、これに八百万《やおよろず》の（無数の）神たちが笑う。この笑い声に、天照大御神はつい訝《いぶか》しんで天岩戸の扉を少し開けてしまうのだ。

笑いにはエネルギーがあり、その力に人は惹き付けられてきた。平安時代中期に成立したとされる「田楽」は、田植えの前に豊作を祈り舞う。また、田植えの最中にも行われる。

豊作を祝う秋祭りでも、舞いは必須だった。そうした舞いには、現在では端折《はしょ》られるが、当時は（昭和の初期辺りまではあったらしいが）性的な所作を思わせる振りや歌詞が入ったという。これを見て笑い、笑うことでポジティブになり、力仕事や単純作業も続けられるし、もめ事も笑って水に流そうというわけだ。

性的なものへの笑いはそれこそ天岩戸伝説からあった。生殖という極めて高いエネルギーと関連があるのかもしれない。

仏教の布教にも、笑いは利用された。因果因縁や極楽地獄など、禍々《まがまが》しくて小難しい話は、いくらありがたい説教と言えども貴族も大衆も飽きる。そこで、笑話や怪談、艶話《つやばなし》（男の色事に関する話）の手法が用いられた。説教ネタを集めた『今昔物語集』は、怪談なのに「その設定は必要か？」といった小ネタが入る。

鎌倉・室町・戦国時代になると、人を笑わせる職業が生まれ、やがて能楽や狂言となる。武士層は大衆文化から生まれた能、狂言を好み、やがて必修の嗜みとなる。

僧は説教師として独立する者が現れ、彼らは武将たちに噂話や笑話、各国の最新情報などを伝える御伽衆《おとぎしゅう》となった。豊臣秀吉に仕えたとされる曽呂利新左衛門《そろりしんざえもん》が有名だ。

また、安楽庵策伝《あんらくあんさくでん》は笑話を集めた『醒睡笑《せいすいしょう》』を書き、現在の古典落語の元ネタとなっていることから「落語の祖」とされる。


江戸幕府が開府となり天下泰平の世が訪れると、笑いへの需要はさらに高まった。町人文化が華開く元禄期になると、京都で露の五郎兵衛《つゆのごろべえ》、大阪で米沢彦八《よねざわひこはち》、江戸で鹿野武左衛門《しかのぶざえもん》といった人物がほぼ同時期に現れ、辻《つじ》（道ばた）や座敷で噺を演じ、聴衆から銭を得るようになった。これが落語の始まりだ。

話芸者の彼らの噺は、噺本などに記録された。ごく短い滑稽を中心とした噺は、現在も「古典落語」として演じられている。題材は、ちょっと抜けた人物たちの勘違いや、失敗談、権力者たちをやり込める話、色里での野暮な行為など、ターゲットは大衆に向いており、多くは人を傷つけない笑いだ。

例えば、落語には「与太郎《よたろう》」が登場するのだが、ちょっと抜けた人物として描かれる。この与太郎の無知からくる言動を笑って馬鹿にする人物が登場し、話が進むのだが、最終的には与太郎にしてやられてしまう。与太郎の純粋で真っ当な視点に負ける馬鹿にした人物を、聴衆は笑うのだ。

また、落語に登場する「女房」は大概旦那を尻に敷いていて、その旦那を見て「わかる、わかる」と喜ぶ。遊里に行けば遊女に振られ、金がないけれども何とかして酒を飲もうとする。

知ったかぶりで偉そうにしている隠居や大家には頓知を効かせた問いで笑いを取り、二本差しを振りかざす武士には立て板に水（たて続けにものを言うこと）の啖呵でやり込める。その啖呵が「二本差しが怖くて田楽が食えるか」「切って赤けりゃお代はいらねェ、西瓜野郎たァ俺のことでィ」だから、見物人はドッと笑う。

こうしてみると、笑いとは、同じカテゴリの人々によって作られる共感であることがわかる。笑いのツボが同じであれば「仲間」であり、弱者を虐める話では笑わず、弱者が権力を笠に着ていたり、マウントを取ってくる輩がやり込められる話で笑う。武士にしょうもない地口や見立てで啖呵を切るのは聴衆を笑わせ味方に付けるためだ。

金がない、学がない、モテない、といった話も、これを笑うことで「そうか、自分だけじゃないんだな」と仲間意識とポジティブなエネルギーが生まれ、「しかたねェやな、そんな日もあらァな」と肩をたたき合える。心理学で「自分より不幸な人を見て元気になる」という身も蓋もない法則があるらしいのだが、笑いはその法則を実行するための、極めて平和的手段ではないか。

下級武士のぼやきから生まれた戯作

さて、安永期（1772〜1781年）から天明期（1781〜1789年）にかけて生まれた江戸の地本として代表的な黄表紙は、ナンセンスな笑いで大衆の心を捉えた。この黄表紙の当初の作者は、知識階級の武士であった。

黄表紙や洒落本、後に登場する読本は「戯作」というが、宝暦期（1751〜1764年）、明和期（1764〜1772年）に知識人が通俗《つうぞく》文学を作った際に用いた遁辞《とんじ》（責任逃れの言葉、逃げ口上）から発生している。

庶民化した下級武士たちにとって、戯作は余技《よぎ》であり自己表現のひとつであった。

武士の必修科目である漢学をどれだけ学んだところで出世の見込みはない。そこで彼らは、才能を発揮する場所も術もない状態をぼやき、これを笑いにした。このぼやきは仲間内で通じるからこそ笑いになる。所謂、内輪ウケであった。

しかし、笑ってごまかしてみたところで不満は募る。そこで、権力を持つ者達への反逆心を隠すために、わかる人にはわかる洒落や穿ちで言語化した。「内輪だけの話と言うことで、何卒ご勘弁を」という具合だ。

とはいえ、穿ちや洒落で笑いを取るためには、またはこれを理解して笑って共感を示すためには、知識の素養が必要となる。戯作は風刺や愚痴を笑いにすると言いながらも、自身が持つ知識を発表する手段でもあった。

「上手いことを言う」と言われればドヤることができるし、褒めた方も「理解できた俺、すごい」とこちらもいい気になれる。戯作は、知識や能力があっても身分に甘んじなければならない、封建社会に生きる下級武士たちの、精神を保つ手段でもあったのだ。

こうした慰みの具だった文学が、町人など大衆も楽しむ黄表紙となり江戸の地本を代表する存在となったのは、江戸が武士社会であることが大きいだろう。
江戸の人口はほぼ武士で、しかも下級武士が大半を占める。彼らは町人化し、町人と共に町人文化を共有した。下級武士が書く文学と笑いは、町人も共感できる笑いだったのだ。

こうした笑いは、権力者にとってみれば「卑俗《ひぞく》（下品でいやしいこと）」であり、生活に必要のない不要不急の「無駄」であった。
やがてこの「無駄」は寛政の改革により排除されようとするのだが、今度は町人作家たちが笑いを死守しようとあの手この手で抵抗する。心学だって滑稽にしてしまい、悪心である悪玉に扮して踊ってみせる。笑いは庶民たちによる権力へのささやかな抵抗でもあったのだ。

寛政の改革の後は、天保の改革、明治維新の三条の教憲、戦争……大衆の笑いは権力者によってコントロールされそうになるが、その度に大衆は笑いの種を見つけ、育て、笑ってきた。

つい最近ではコロナ禍での自粛があった。上野戦争でも昭和の戦争でも閉めなかった寄席や芝居小屋が、「不要不急」の大義名分の下に閉じられた。

しかし、大衆はこの状況をも笑いにした。笑いにせねばやってられんのだ。笑っていれば何とかなる。一日の終わりに笑えれば、今日は良い日だ。笑いは大衆が生きるための、最強の武器なのである。

武士から一転、遊女屋に婿入りした唐来参和の落語的人生

重三郎と義兄弟となった元武士

重三郎が面倒を見たクリエイターは多く知られているが、唐来参和と義兄弟となったことはあまり知られていない。どういうわけで義兄弟となったのかは定かではないが、参和の人生を見ていくと、「なるほど、重三郎が好きそうな人物だな」とわかる。

唐来参和は志水燕十のゴーストをしていたと推定されており、このことから実は同一人物だとも言われている。同一人物と主張しているのは浮世絵研究家・時代考証家の林美一《はやしよしかず》氏で、本書でもこの説で話を進めよう。

「唐来参和」はペンネーム、「志水燕十」は御家人身分の際の戯作号である。燕十は

上野根津清水町に住む鈴木庄之介《しょうのすけ》という小禄《しょうろく》の幕臣だ。小禄と言えども一応御家人で、それなりな身分の武士であった。

鳥山石燕に絵を学び、「奈蒔野馬鹿人《なまけのばかひと》」という号で狂歌も嗜んだことから、大田南畝や朱楽菅江、石燕同門の恋川春町と交遊した。

こうしたことから、蔦屋重三郎と出会い、喜多川歌麿と組んで戯作を出すようになり、当然のように吉原にて放蕩するようになった。

こうした遊びが過ぎたのか、戯作活動がバレたか、あるいは普通に仕事でしくじったかは定かではないが、燕十は禄を放たれ、一転流浪《るろう》の庶民となった。

しかし、当の燕十は「これで堂々と戯作活動ができる」とどこ吹く風。そうはいっても燕十のまま戯作活動を続けるのも具合がよろしくないということで、「唐来参和」とペンネームを変えた（らしい）。

これには重三郎も吉原に誘った手前責任を感じたのか、燕十もとい参和を店に出入りさせるようになった。重三郎と義兄弟となったのはこの頃らしい。

しかし、いつまでも面倒みておくわけにもいかず、どこか落ち着いた場所を作るのがよかろうと、重三郎や吉原の面々が、本所松井町の岡場所（非公認の遊郭）の女郎和泉屋《いずみや》の聟《むこ》の口を紹介してみた。

「元御家人がそういった場所に入って働くのはどうか」と普通なら人の目を気にするところだが、参和の方は全く気にせず、むしろ喜んで入り婿してしまった。御家人身分の武士が、遊女屋の主人に収まってしまったのだ。

煙草雑貨店を開いた山東京伝や、下駄屋に入り婿した曲亭馬琴もそうなのだが、食い扶持が他にあれば戯作に余裕を持って取り組める。参和も同様で、悠々と戯作を続けた。

安永10（天明元、1781）年には重三郎のところから『身貌大通神畧縁記《みなりだいつうじんりゃくえんぎ》』『化物二世物語《ばけものにせものがたり》』と2冊の黄表紙を出している。挿絵は歌麿が担当した。

参和が出入りし、歌麿が食客となっている重三郎の元には、大田南畝や朱楽菅江らが吉原の帰りに寄り、そのまま狂歌本や洒落本のネタの話になる。重三郎の店は、身分を超えたクリエイターたちのサロンと化していった。

そんなクセ強クリエイターの中でも、武士から遊女屋の主人へと転身した参和のエピソードは斜め上過ぎて、存在そのものが滑稽噺か洒落本のキャラクターであった。重三郎はこうした参和の落語性を見抜いたのだろう。才能云々ではない、参和その人に惚れたのである。

虚しくて愛しい欲望を笑え

参和の『天下一面鏡梅鉢』は筆禍となり、２年間絶筆の後、他の戯作者たちと同様に『善悪邪正大勘定《ぜんあくじゃしょうおおかんじょう》』『再会親子銭独楽《めぐりあうおやこのぜにごま》』といった教訓色の強い黄表紙を書いている。合巻も書いたらしいが、出版統制下では持ち前の滑稽を発揮することはできず、遊女屋の主人の座を捨て、再び流浪の生活に戻ったらしい。

馬琴の『近世物之本江戸作者部類』によると、「罪を得て終る所を知らず」という。何とも参和らしいオチだ。

天明５（１７８５）年、重三郎サロンでわいわいやっていた頃に書かれた唐来参和名義の黄表紙に『莫切自根金生木《きるなのねからかねのなるき》』がある。金がありすぎて苦しむ大金持ちが、貧乏になろうとあの手この手を尽くすが失敗する話で、寛政の改革を揶揄した『天下一面鏡梅鉢』と同じ、逆さまの趣向だ。

大金持ちの万々先生は、数日だけでも貧乏になってみたいと貧乏神を信心するが御利益がない。そこで、絶対に返ってこない者に金を貸したり、派手に遊里で遊んでみたり、法外な額で先物取引や博打、富くじ（宝くじ）をやってみるが、全て金が増えて戻ってくる。泥棒に盗ませようとしたり、豪勢な旅に出てみたりしても、やはり金が転がり込んでくる。

ついに金銀を全て海に捨てると、その金銀が空を飛んで世界中の金を連れて万々先生の金庫に戻ってくる。こりゃ大変と家を逃げ出すと、今度はえらい利息ごと金を返済すると追いかけてきて、万策尽きて金に埋もれた家で年を越す。

「宝くじが当たったらどうしようか」と同じように、多くの人が一度は想像したことがある、夢のような話だ。「お金があり過ぎて困っている」なんて言葉、一度でよいから言ってみたいものだが（今現在そう思っている方はこの本を読んでいないと思うので）、大概現実に返って虚しくなる。

貧乏人が金持ちになるという話は昔からあって、庶民のささやかな希望が御伽噺になったのだろう。

落語には『宿屋《やどや》の富《とみ》』という噺がある。こちらは「金があり過ぎて困っている」と言う男が宿屋に泊まり、実は大金持ちの振りをした嘘なのだが、宿屋の主人が本気にして、「当たったら半分ください」と宝くじを売りつける。すると本当に当たってしまい、男はびっくりして草履をはいたまま布団に潜って震えているという内容。

宝くじの番号が当たっているのに、「違うなあ、当たらないんだよな、こういうのは」と、何度も番号を確認して、ついに気付くという流れが笑わせる。

端から当たらないと思っている人の行動が可笑しくて笑うのだが、「自分もこうやって当たらないかしら」「当たったら、きっとこんな風なのか」などと、追体験で良い気分にもなれる。「早く気付いて！」と、オチを知っているのにドキドキしてしまうのだ。

参和は敢えてなのか、それとも自分の欲望をそのまま書いたのか、恐らく後者だとは思うが、御伽噺パターンの逆を張った。「金があり過ぎて困っている」と言ってみたいなあ、から始まる夢想はあまりに馬鹿馬鹿しくて、飲み屋で酔っ払って盛り上がった戯れ言のようなものだ。

金銭をテーマにした話は、ともすると道徳的な話になりがちだ。御伽噺でも、正直者のじいさまとか、人助けをしていったら長者になったとかいう話になる。貧乏神と暮らすうちに情がわいて、やってきた福の神を追い出して、貧乏神とそれなりに幸せに暮らしたという昔話もある。「お金は徳がある人の元にやってきますよ」「幸せはお金だけじゃないですよ」という正論だ。

ところが参和は、「いや、金は要るだろ」「金持ちになりたいだろ」と、自分と多くの庶民たちの欲望をそのまま描いた。

本作の執筆当時、参和は武士をクビになり、金策に走っていたことだろう。切羽詰まった時こそ、こういった妄想をしやすい。現実に戻れば、ため息しか出ない。ため息の後に出るのは、乾いた笑いだ。

これを参和が戯作にすると、そんな虚しさすら笑いになる。というか、虚しいから笑い飛ばせという、何だかよくわからないエールになる。読む人々は「馬鹿だねェ」と笑い、自分と同様に倹《つま》しい生活であろう作者に、共感すら覚えてしまうのだ。

死をも笑い飛ばす江戸っ子達の「辞世《じせい》の句」

戯作者と絵師たちの年貢の納め時

生きていれば必ず訪れる「死」。人間の営みの、また輪廻《りんね》の一過程に過ぎないと言えども、その感覚は生きている者にとってみれば未知の世界であり、怖いのと恐ろしいのと感情が定まらないので、できれば旅支度を終えてから逝きたいものだ。落語のお決まりのセリフで「俺ァ死んだことがないからわからないが、こんなんだったら、若い時分にいっぺん死んどくんだった」というのがあるが、まさにその通りである。

まだやりたいことがあったり、出来れば死にたくない者たちにとってみれば、「死」は理不尽で容赦ない。それでも何かを残そう、伝えようとするから、人々は辞《じ》世《せい》の句（死を見据えてこの世に書き残す生涯最後の句）を詠んだ。今では終活ノートとかいう風情皆無なものを書かされてしまうが、それも時代が進むにつれて必要なことで、風情とか言ってる場合ではないかもしれない。

辞世の句には、立派なものが多い。人生を全うし、生きてこれたこと、周りへの感謝が込められている。死を前にして達観している。

人の因果因縁、勧善懲悪を追求した曲亭馬琴の辞世の句は
「世の中の 役を逃れて もとのまゝ かへすぞあめと つちの人形」

馬琴は74歳で両目が不自由となり、口述筆記で『南総里見八犬伝』を完結させたのは75歳だった。八犬伝の後、新たに美少年ものに挑戦するも未完で馬琴は逝く。しかし、「生きる役目を終えて、魂は天に、身体は土へと還る」と詠んだこの句には、大作を描き上げられたという満足と安堵がみえる。


馬琴が逝った半年後に、葛飾北斎も死出の旅に出る。

「ひと魂で　ゆく気散じや　夏の原」

人魂になって夏の草原を気ままに飛んで行こう。１００歳まで生きようとした北斎だが、死期は悟っていたのかもしれない。「しょうがねェやな、人間一度は死ぬん

を描いて欲しい。

だ」という声が聞こえそうだ。夏野原の向こうで、馬琴とまた仲良く喧嘩しながら絵

馬琴も北斎も死を受け入れており、これを粛々と、飄々《ひょうひょう》と詠んでいる。ところが、一筋縄ではいかないのが、粋と洒落を追求したクリエイター達だ。

晩年の重三郎の食客であり、重三郎が頼む仕事を何でもこなしたという十返舎一九は、重三郎の死後に『東海道中膝栗毛』で旅行ガイド戯作という新しい分野で成功を収める。そんな彼が詠んだ辞世の句は、さすがの滑稽本作家で洒落が効いている。

「此世《このよ》をば　どりやおいとまと　せん香の　煙とともに　灰左様《はいさよう》なら」

ドヤ顔で「あばよ」と言う旅装束の一九が見えるようだ。

こうした、自分の死をもコメディにしようとした人物は、他にもいた。

「死にとうて　死ぬにはあらねど御年には　御不足《ごふそく》なしと人の言ふらん」

80歳近くまで生きた朋誠堂喜三二の辞世の句。「俺は確かに長生きだけど、死にたくて死ぬんじゃねンだよ（勝手に充分生き長らえたとか言ってくれるなよ）」とぼや

きが聞こえるようだ。

時代は下るが、京伝や馬琴の次世代作家として、式亭三馬がいる。一九と並ぶ滑稽本で一時代を築いた。

「善もせず 悪も作らず 死ぬる身は 地蔵笑はず 閻魔《えんま》叱らず」

実に平凡な我が人生だったなあ、みたいなことを言っているが、三馬は京伝や馬琴を怒らせたり、筆禍を受けたり、「浮世風呂」「浮世床」といった日常の滑稽の他に仇討や勧善懲悪譚を書いたり、あやしい「江戸の水」を売って儲けたりなど、それなりに好き放題やっていた。彼を知る者は「嘘つけ！」と笑って、被せ気味に突っ込んだだろう。

天明期の文壇の重鎮、大田南畝は多くの人物を見送ってきた。吉原で共に散々遊び倒し、改革と共に去った恋川春町、ライバルとして意識しつつも同志だった朱楽菅江、いつの間にか懐に入ってきた版元の蔦屋重三郎、無名の頃に目をかけた喜多川歌麿……。皆、自分より早くに逝ってしまった。

「今までは　人のことだと思ふたに　俺が死ぬとは　こいつはたまらん」

最後の最期で正直な感情を吐露する南畝。しかし、狂歌師南畝のことなので、言外には「まあ、生まれた時から決まっていたことだし」と、年貢の納め時を詠んだのかもしれない。

自分の死をも笑い飛ばしてしまう。悲壮感も執着も、それは当の本人にとっての問題で、他人からしてみれば戯作に描かれる滑稽のネタでしかない。自分たちも、そのネタで飯を食ってきたではないか。だからこそ詠める、ヤケクソの句。そして、後世に至るまで「粋な最期」として語られるのだ。

拍子木《ひょうしぎ》と幕引き

重三郎は寛政9（1797）年5月6日に48歳で死去した。脚気であり、江戸の出版王も病には勝てなかった。この日、重三郎は「午の刻（現在の昼12時）に死ぬ」と言い、家の者に今後のことを指示し、妻にも礼と別れを告げたという。

辞世の句を残していない。ただ、最期の言葉は伝わっている。

「場上未撃柝《げきたく》何其晩也（場は上がれるに未だ撃柝せず何ぞその遅きや）」

場が上がるとは場面が終わることで、撃柝とは拍子木《ひょうしぎ》（拍子を取るための木の音具）をいう。

「芝居が終わったのにまだ拍子木が鳴らないなんて、遅いじゃないか」

こう言って笑って目を閉じ、夕方に息を引き取ったという。

自分の死を予言して葬式まで始めたのに死ねない落語に『ちきり伊勢屋』がある。占い師に「親の因果で2月15日生九つに死ぬ」と言われた伊勢屋の若旦那伝次郎は、どうせ死ぬのならと善行で余生を送り、冥途《めいど》の土産にと遊び倒した。金を使い切って予告の前日、芸者幇間《ほうかん》をあげてどんちゃん騒ぎの通夜をやり、当日は葬式を済ませ棺桶に入り、今か今かと待つが一向に死ぬ気配がない。待っているうちに腹が減ったので鰻を食べて、煙草を吸ったり便所に行ってみたり、待てど暮らせど死ねない。

死ぬのを諦めて寺から50両を借り、帰る家もなくさまよっていると占い師に再会する。もう一度見てもらうと「人助けをして徳が積まれたので、80歳の長生きです」。

自らの人生を芝居の舞台に見立てた重三郎は、死をも大団円に演出した。

ところが、預言は大いに外れて一向に死ぬ気配がない。これを「鳴らねェじゃねーか、どうなってるんでィ」と言ったのを聞いて、周りにいた人たちは「ホントですよ」「ほら、もー、格好つけるから」などと、一緒にひとしきり笑っただろう。

重三郎が充分に生きたと自分で思っていたかどうかはわからない。

しかし、生き急いだ人生は、まさしく重三郎一代物語であった。自分の人生を笑いで締めくくった重三郎は、生きることこそエンタメであれと、考えていたのかもしれない。

一億総理不尽社会に蔦重が世に説いた「粋と笑い」

天下泰平が終章ではない

江戸時代は内戦がない期間が２６０年続いた、世界的にも稀な時代である。

これを「天下泰平」と人は言う。戦国時代のように戦はなく、武士は刀を抜かず、権力争いもなければ御家騒動もない（あったかもしれないが戦に発展しない）。これといった大きな動きもないし、歴史に残る武士が戦で死ぬわけでもない。ドラマになるとすれば、『忠臣蔵』の題材となった赤穂事件か、「桜田門外の変」以降の幕末だ。

時代劇の方はといえば、市井の人々の人情を題材としたのがほとんどで、将軍が火消しの頭に厄介になってみたり、大名が旅に出たり、背中に彫り物を入れた奉行がチャンバラするくらいである。武士は滅多に刀を抜かない時代なので、そのくらいトンデモ設定にしなければ、チャンバラシーンが描けないのだ。

しかし、天下泰平といえども、下々の者達にとっては泰平とは言い難く、封建社会システムと権力者達に翻弄された。国同士の戦がなかっただけで、庶民達は権力者と常に闘ってきたと言える。


町人達が経済力を以て力を得て、文化は町人が中心となったとしても、政を行うのは身分層でトップの武士たちだ。武士以外のその他は、彼らの政に甘んじるしかない。

重三郎らが生きた安永・天明期は、田沼政治によって商業が重んじられ、経済発展の重要な転換期ではある。

しかし一方では、経済力と家柄が出世を左右し、商売をするにも賄賂がモノを言い、格差が可視化された時代でもある。

地方では自然災害が相次ぎ飢饉が頻発し、食い潰した地方の民が江戸に出る。若者が江戸に出てしまうため、担い手がいない田畑は荒廃し、さらに米の収穫量が減る。

何だか今と大して変わらないような気もするが、封建社会の闇に人々が気付き始め、フラストレーションがたまっていた。そういった不満が黄表紙や狂歌、洒落本といった文学を生み出してきたことは、前述したとおりだ。

時は既に、天下泰平でめでたしめでたしではなくなっていた。この国でどう生きるのか、一人一人に問われていた。問われたところで身分が庶民ならどうしようもないのだが、その声を上げる手段が、本であり、芝居であり、狂歌、落語や講釈（講談）だったのである。

格好つけて笑い飛ばせ

大衆は下級武士など知識人が書く本で知識を付け、最新情報を入手した。芝居や落語、講釈（講談）も、大衆に情報や思想を伝えるエンタメでありメディアである。見立てで穿ち、理不尽を笑いに変えて社会に問う。下々に暮らす庶民にとって、彼らは自分たちの代弁者であり、自分たちの存在の肯定だ。不満や疑問、意見を「笑い」にすることで、一丸となって権力者に刃向かうことが出来る。「二本差し（武士）が怖くて田楽が食えるか」である。

したがって、寛政の改革におけるメディア統制は、大衆にとって武器を奪われることと同じだった。そこに改革を「笑い」にした黄表紙を続けざまに出した蔦重は、江戸っ子の鑑であり、ヒーローだった。

案の定、寛政３（１７９１）年に蔦重の店は身上半減となるのだが、恐らく（というか確実に）見せしめであっただろう。

その次の年には、書物問屋の須原屋市兵衛《すはらやいちべえ》が重過料に科された。林子平《はやししへい》著『三国通覧図説《さんごくつうらんずせつ》』が幕府に見咎《みとが》められたのだ。

須原屋市兵衛は、御法度の『解体新書』など蘭学書を数多く出版した、革命的な版元である。飢饉や人口流出で荒廃する、地方の知識人達による先進的著書も多く手がけている。やはり見せしめによる処分であっただろう。

社会の矛盾を突く大衆メディアVS封建社会の権力者たち。

これは、泰平の世における「戦」であった。

文化を創り、楽しむ自由。理不尽に対して意見する権利。これらは決して不要不急の「無駄」ではない。理不尽な社会を笑い飛ばす黄表紙や狂歌を武器に、大衆は立ち向かったのだ。

何が起きても笑いにしてしまい、その信念には江戸っ子の誇りである「粋」「張り」「伊達」がある。権力者にとって、これほど面倒なものはなかろう。

この時代になると、泰平ボケが長くて武士道は理想と化し、切腹は芝居の中だけの出来事となっていた。『仮名手本忠臣蔵《かなでほんちゅうしんぐら》』ですら、忠義が夢物語過ぎて、金と女を理由にせねば観客にウケない。鶴屋南北は『仮名手本忠臣蔵』の現パロとして『東海道四谷怪談』を書いたのだが、忠義のために命を懸けて仇討ちに向かう赤穂浪士たちよりも、金と女でとっとと敵方に寝返る民谷伊右衛門《たみやいえもん》の方がリアルなのだ。

天保の改革では、書籍の他に芝居や寄席も厳しく統制されるが、「遠山の金さん」こと江戸町奉行の遠山景元《とおやまかげもと》が「あまり大衆エンタメを締め付けては反動が来る。大衆のエネルギーを甘く見ないほうが良い」と極端な統制に反対したと言われる。

これにより景元は一度罷免《ひめん》されるが、水野忠邦《みずのただくに》の失脚後に南町奉行に返り咲く。

「遠山の金さん」が現代に至るまで町人のヒーローであり続けているのは、時の権力者に啖呵を切った「粋」と「伊達」という、江戸っ子の姿があるからだ。

江戸時代が終わり、世界大戦争の記憶が過ぎ、令和の時代になっても、社会は矛盾と理不尽に満ちており、格差は広がり続け、大戦のカウントダウンが聞こえそうで、SNSでは不毛な論破合戦で燃えている。

そんな今の時代にこそ、安永から寛政に生きた重三郎たちが死守した、「粋」と「笑い」が生きて勝つ糧となる。

「笑い飛ばせ、粋でいろ。」

何があっても笑い飛ばして食べて寝ときゃ、明日が来る。

この自由は、ある日突然壊されてしまうほどに、儚く弱い。

一庶民である我々が啖呵を切って、残し、繋いでいかねばならないのだ。

おわりに

落語や歌舞伎、講談などは、江戸の文化を知るにはとても良い。しかし、これらに描かれている全てを鵜呑みにしてはならない。なぜか。「これが江戸っ子の粋か」と思われるシーンや台詞には、大衆が求める理想の姿が多分に反映されているからだ。

例えば、落語なら「文七元結」がある。

腕の良い左官の長兵衛が博打で身を崩し、これを儚んだ娘のお久が自ら吉原へと身を落とそうとする。これに妓楼の女将が同情し、来年の大晦日までに返すのならお久は店に出さないと、50両の金を貸す。長兵衛は改心し岐路につくが、そこで50両の金を盗まれたと大川（隅田川）に身を投げて死のうとする商家の若者に出会う。長兵衛は「これは俺の娘が身を売ってこさえた金だ。この50両でてめえの命が助かるってんなら、くれてやる」と、若者に金を叩き付けて逃げるように去る――。

孝行に免じ、娘を店に出さないと約束して50両の金を出す女将、親のために自分の身を売りに出そうとするお久、借金が返せなければ娘は帰ってこないとわかっていながらも、目の前の若者の命を助けようと50両の金をやってしまう長兵衛。彼らは、粋で親孝行で義理人情に厚い江戸っ子だ。しかし、この話でリアルなのは、「腕が良くても博打にハマって借金をこさえる職人」と「金を掏られてどうにもならなくて身投げ」である。

なぜこんなにも江戸っ子気質が激しく描かれているとかいうと、この話は幕末明治あたりの三遊亭圓朝による創作落語で、新政府軍の地方の武士がやってきて偉そうにしているのが勘弁ならなくて作ったと伝わる。

「どうでィ、これが江戸っ子の粋と張りってもんだ、ざまァみやがれ」と、多分こんな感じで高座にかけてみたわけだが、つい盛って啖呵を切ってしまうのが江戸っ子というもの。この「文七元結」に登場する全ての人物造形が、江戸っ子達の理想だったのだ。さらに人情噺に仕立てたところが、涙もろい江戸っ子の心を打った。なので、薩摩のお侍さんたちに響いたかどうか、それはわからない。

こうした落語や、現在の漫画やドラマ、映画の元ネタを遡っていくと、蔦屋重三郎の時代に登場した黄表紙や洒落本に書かれていた話を見つけることが出来る。

落語「明烏」の原話は新内節の「明烏夢泡雪」だが、ストーリー展開は洒落本の『遊子方言』だ。唐来参和の『莫切自根金生木』は落語「宿屋の富」に繋がる。「宮戸川」の嵐の夜が馴れ初めとなる展開は、人情本の『恐可志』をはじめいくつもある。

京伝・馬琴の次世代作家である式亭三馬の「浮世床」や「浮世風呂」は、そのまま同題で落語となった。

落語ではないが、「ドラえもん」や「キューティーハニー」にも（昭和ですまない）黄表紙や歌舞伎を思わせる話や設定が登場する。「鬼滅の刃」の設定が烏亭焉馬の浄瑠璃とよく似ているのは前述したとおりで、日本人の琴線に触れる設定なのだろう。

江戸落語における、粋な会話も、男女のもだもだも、笑いの法則も、みんなこの時代のクリエイター達が記し、演じ、描いたものだ。これらの出所はいつしか忘れ去られても、理想や面白さの概念だけが人々の心に未だ記憶の欠片を残している。

そんな「いいねェ」と感じる思いは時と共に醸成され、伝統芸能だけでなく、ドラマや漫画、小説といった大衆文化・サブカルチャーとして、今も脈々と伝えられてきた。格好良さも萌えのポイントも、笑いのツボも、間もオチも、どうだィ、江戸時代のまんまじゃないか。

落語や講談、歌舞伎の世界は古い時代の夢物語かもしれない。黄表紙も洒落本もナンセンスで馬鹿馬鹿しいし、浮世絵に描かれる人々や風景は遠い時空かもしれない。しかし、その姿や台詞を「いいねェ」と感じられるのなら、我々はまだ「粋」でいられるのだ。

令和6年9月、本年最後の猛暑日　櫻庭由紀子

櫻庭 由紀子

執筆、創作を行う文筆家・戯作者。伝統芸能、歴史（江戸・幕末明治）、日本文化の記事執筆の他、ドキュメンタリーライター、インタビューライターとして活動。著書に『落語速記はいかに文学を変えたか』（淡交社）、『浮世絵と芸能で読む江戸の経済』（笠間書院）など。

デザイン　吉村亮（Yoshi-des.）
イラスト　大嶋奈都子
編集協力　八文字則子
校正　滄流社
編集　山中千穂

時代を生き抜く成功作法
蔦屋重三郎と粋な男たち！

発行日　2024年12月10日　第1刷発行

著者　櫻庭由紀子
発行者　清田名人
発行所　株式会社内外出版社
〒110-8578 東京都台東区東上野2-1-11
電話 03-5830-0368（企画販売局）
電話 03-5830-0237（編集部）
https://www.naigai-p.co.jp/

印刷・製本　中央精版印刷株式会社

ISBN978-4-86257-714-6